U0070774

中國五代吳越的研究

趙雅書

中國五代吳越的研究

目　錄

自序

　　宋代是中國歷史上另一個大一統時代，不過漢有秦作奠基，唐則有隋，實際上宋則有五代。五代是宋的前奏，與其講「隋唐五代史」，不如談「五代宋史」更為妥貼，日本京都學派的中國史觀，便是建立在「五代宋史」的關連上。王夫之《宋論》嘗言：「帝王之受命，其上以德，商、周是已；其次以功，漢、唐是已。……趙氏起家什伍，兩世為裨將，與亂世相浮沉，姓字且不聞於人間，況能以惠澤下流繫邱民之企慕手！……宋無積累之仁，無撥亂之績，乃載考其臨御之方，則固宜為天下君矣；……無赫奕之功而能不自廢也，無積累之仁而能不自暴也，故承天之佑，戰戰栗栗，持志於中而不自溢。則當世無商、周、漢、唐之主，而天可行其鄭重仁民之德以眷命之，其宜為天下之君也，抑必然矣。」王夫之以宋承「天命」來解釋宋得天下之由，而「天命」用另一種話來說，也就是「潮流」與「形勢」，這是研究宋史的特色與趣味性。

　　吳越國立國南方浙江，是五代中立國最為長久，最後滅亡的國家，且統一的過程是和平方式。歷代統一過程都是殺伐之道，於民生不利，吳越國樹一良例，宋代浙江一直為重要的生產區，尤以南宋立國，根植於浙江，吳越國實為根植基礎。從經濟史的觀點來看，研究宋代，必始自吳越國。

五代吳越國的創建者 —— 錢鏐 (852~932)

一、引言

「五代十國」時期，是中國歷史上，繼「五胡十六國」與「南北朝」之後的又一次大混亂、大分裂時期，誠如歐陽修在《新五代史》中所說：「五代，干戈賊亂之世也，禮樂崩壞，三綱五常之道絕，而先王之制度文章掃地而盡於是矣！」「斯可謂亂世者歟！自古未之有也。」

所謂「五代」，是指在中原地區不斷更迭的五個朝代，即後梁、後唐、後晉、後漢、後周；至於「十國」，則是圍繞在中原地區之旁，大多數是建立在淮河以南的十個國家，他們也曾先後稱帝或稱王。比較而言，北方一直戰亂頻仍，但南方列國分治，努力發展經濟；雖然也不免有戰爭和暴君，但比起北方來，卻顯得較為寧靜，民眾所受到的戰禍也要少得多。五代中，國祚最長的後梁雖有十七年，但比起十國中立國最短的北漢二十九年還要少。十國中立國割據時間最長的是「吳越」，共八十六年（從西元八九三年，唐以錢鏐為鎮海節度使時算起，至西元九七八年，錢俶納土入宋時為止），政情也最安定。吳越擁有十三州的土地，其地域當今之浙江省全部、江蘇省南部及福建省的一小部，都城為杭州。這一塊地區在唐代時，尚無很突出的經濟地位，但到了兩宋時代，則一躍而為全國最重要的經濟生產區。例如近代太湖地區的圩田制度和水利系統，均為吳越所建立；[1] 還有唐初浙江的水利活動數（Water-Control Activities）只有2，唐末（包括吳越

前期）則進昇到44，北宋（包括吳越後期）則更跳至86，倘使比較其他地區，這些都是當時全國最高的數字。[2] 顯見具有過渡時期地位的吳越，對於兩浙地區經濟的發展，是有很大的貢獻。到了南宋時，浙江的水利活動數更高達185，[3] 這實際上是順著吳越所奠定的基礎，而繼續發展下來的，南宋朝廷所以能夠站穩，是依靠浙江的經濟基礎，南宋立國性質與吳越雖殊，且版圖亦大得多，但政治與經濟的重心皆在兩浙，則頗有雷同之處。

　　五代時，吳越的立國政策，亦與其他鄰國不相同，譬如以南漢為例，南漢與吳越同是割據一方的小國，但南漢稱帝，直呼：「中國帝王為洛州刺史」；並謂：「中原多故，誰為真主，安能萬里梯航而事偽庭乎！」[4] 而吳越始終不稱帝，政治上留有斡旋的餘地，同時貢使不絕，奉中國為正朔，此特別為史家所稱讚：「唯錢氏之守杭、越，逾八十年，蓋事大勤王之節，與荊楚、湖湘不侔矣！」[5] 吳越之事大政策，在當時固有戰略上的需要，然亦是當國者的一種務實與慎懼態度，是以吳越政局較他國為安定。及宋統一之際，也是兵不血刃，和平地交出政權，民間雞犬不驚，一點都沒有受到軍事上的破壞，吳越十三州八十六縣繁榮如昔，且在大一統後的宋朝，擔處了不可缺少的部分，這不獨是造益兩浙百姓，而且在歷史上亦解釋了吳越國必須暫時存在的道理，一切以廣大民眾的利益為標準，不能單憑統一與分治的形式來判斷好壞。創建吳越國與採行事大政策，都是第一代王 —— 錢鏐所建立的。

二、錢鏐的出身

　　吳越國是由唐末臨安（浙江杭州）人錢鏐所建立起來的，

關於錢鏐的出身背景，自以宋人錢儼（錢鏐之孫）所撰《吳越備史》的記載最為詳盡，[6] 然多有諱語及一些神話記述，茲以《舊五代史》、《新五代史》、清人吳任臣的《十國春秋》再作補證，大致可以歸納成下列三點：

1. 錢鏐字具美，杭州臨安縣人，生於唐宣宗大中六年（八五二）。

2. 錢家世代為莊稼人，《吳越備史》言錢鏐為唐高祖武德中功臣陪葬獻陵武衛大將軍潭州大都督巢國公錢九隴之八代孫，其世系並不太可靠，甚至錢鏐的曾祖是否做過縣令，亦有問題。[7] 錢鏐之父錢寬自己就曾承認過：「吾家世田漁為事，未嘗有貴達……」到了錢鏐這一代，因不事生產，乃成為一個無賴漢，後來又做了私鹽販子。例如：「及壯，無賴，不喜事生業，以販鹽為盜。」「與鏐飲博，……起始縱其子等與鏐遊，時時貸其窮乏。」[8]

3. 錢鏐「以驍雄之姿，崛起草間。」[9] 好勇鬥狠，「鏐善射與槊，稍通圖緯諸書。」[10]「少拳勇，喜任俠，以解仇報怨為事。」[11] 故在亂世，終能割據一方。

三、杭州八都兵的建立

僖宗乾符二年（八七五），浙西狼山鎮遏使王郢作亂，[12] 這一次叛亂雖為地方性，但規模頗大，蘇、常及沿海諸郡均被波及，為平此亂，水、陸戰俱發生，並牽涉到海賊與地方漁民、鹽民等。因地方現有軍隊戰力不夠，朝廷乃向江南東道徵兵。[13] 臨安人董昌組土團軍，助朝廷平郢亂，錢鏐歸入董昌麾下，時年二十四歲。《吳越備史》載：

「乾符二年夏四月，浙西鎮遏使王郢作亂，勅本道徵兵討之，時董昌戍石鏡鎮，亦募鄉里之眾以副，召王（錢鏐），王遂委質於董氏，始為偏將，王入軍中，驍勇絕倫，為董氏所重，時王年二十四矣！」[14]

這是錢鏐一生事業的開始，錢事奉董，而董的勢力憑藉，則是土團性質的杭州八都兵，五代人孫光憲所著的《北夢瑣言》記：「錢尚父土豪倔起，號錢塘八都。」[15]可知杭州八都，為杭州地方武力的集結，誠如《舊五代史》中所說的：

「屬天下喪亂，黃巢寇嶺表，江、淮之盜賊群聚，大者攻州郡，小者剽閭里，董昌聚眾，恣橫於杭、越之間，杭州八縣，每縣召募千人為一都，時謂之杭州八都。」[16]

不過，有關杭州八都兵，是如何建立起來的，卻有三種不同的說法，[17]茲分條敘述列於下：

1.《新唐書》，周寶傳記載：

「黃巢據宣、歙，徙寶鎮海軍節度兼南面招討使。巢聞，出采石，略揚州。僖宗入蜀，加檢校司空，時群盜所在槃結，柳超據常熟，王敖據崑山，王騰據華亭，宋可復據無錫。寶練卒自守，發杭州兵戍縣鎮，判八都：石鏡都，董昌主之；清平都，陳晟主之；於潛都，吳文舉主之；鹽官都，徐及主之；新登都，杜稜主之；唐山都，饒京主之；富春都，文禹主之；龍泉都，凌文舉主之。」[18]

這個說法，是以周寶為始建杭州八都兵的人，時間是在僖宗入蜀的中和元年（八八一）之後。宋周淙《乾道臨安志》，

亦持相同的說法：

「周寶，為杭州刺史，後唐僖宗時，群盜起，寶募諸縣鄉兵討之，號八都兵，見五代史。」[19]

但《乾道臨安志》的記述有兩個明顯的錯誤：第一、周寶時為鎮海軍節度使，治所為潤州（鎮江），並不是杭州刺史。第二、杭州八都兵之事，應見於《新唐書》周寶傳，而非五代史。所以《乾道臨安志》記載的可靠性，就大有問題了。事實上，《新唐書》的這一段記載，也是有許多的錯誤。

2. 《吳越備史》先後有兩段不同的記載，其先一段記：「廣明元年（八八〇）冬十二月，黃巢犯闕，僖宗入興元，杭州始建八都。……」[20] 其說法與《新唐書》能契合，而且八都的名稱及都將同於《新唐書》所記。但後卻又有一段記：

「初杭州山賊朱直為亂，遂募八縣鄉兵以討之，因為八都。臨安人董昌首之，今東安、浙江、靖江皆其數也。」[21]

此「朱直」思為「朱直管」之誤，按朱直管之亂，事在乾符五年（八七八），《吳越備史》也有記載：

「五年（八七八），寇道蜂起，有朱直管、曹師雄、王知新等，各聚黨數千，剽掠於宣歙間。」[22]

這兩段的記載，前後是矛盾的，《吳越備史》對於始建杭州八都，列了兩個年代，表示是有廣明元年及乾符五年兩個時間的說法。

3.《資治通鑑》記載：

> 「王郢之亂，臨安人董昌以土團討賊有功，補石鏡鎮將。是歲（八七八），曹師雄寇二浙，杭州募諸縣鄉兵各千人以討之，昌與錢塘劉孟安、阮結，富陽聞人宇，鹽官徐及，新城杜稜，餘杭凌文舉，臨平曹信各為之都將，號杭州八都，昌為之長。其後宇卒，錢塘人成及代之。」[23]

《資治通鑑》的說法，除強調乾符五年（八七八）就有杭州八都兵外，其所列八都與都將的名稱，則與《新唐書》及《吳越備史》稍異。

比較以上三說，八都成立的時間，可能是在乾符五年（八七八）。按早在乾符二年（八七五）王郢之亂以前，董昌即藉土團軍戍石鏡鎮了。[24]乾符四年（八七七）亂平，董昌以軍功補石鏡鎮將，[25]復由於寇盜蜂起，各地土團必須聯合一致作戰，方能自保，乃有八都兵的形成。八都兵之建立，似與周寶無關，因乾符六年（八七九）十月，高駢才自鎮海節度調淮南，而周寶從涇原節度調鎮海。[26]且周寶軍治在潤州，並不能控制浙西地方，根據歷史記載，當時的杭州，實處於一種半獨立狀態，《資治通鑑》載：

> 「（中和元年）（八八一），會杭州刺史路審中將之官，行至嘉興，昌自石鏡引兵入杭州，審中懼而還，昌自稱杭州都押牙、知州事，遣將吏請於寶，寶不能制，表為杭州刺史。」[27]

除了周寶之外，高駢也同時在中和元年（八八一）表董昌為杭州刺史。[28]是時，天下已亂，群雄並起，董昌遂以杭州刺史的身份，團練八都兵以自守。[29]八都兵的指揮乃合而為一。

四、從八都到十三都

唐代的杭州，是由錢塘、餘杭、臨安、富陽、於潛、鹽官、新城、唐山等八縣所組成。[30] 一般的說法，杭州八都係由八縣而來，即一縣一都。[31] 此說法在原則上固然不錯，然八都的發展，卻與一縣一都的方式有異。[32] 此所以《資治通鑑》列八都和都將名稱，與《新唐書》及《吳越備史》不同。茲先從杭州八縣，列條分析於下。

1. 錢塘

《資治通鑑》所說的錢塘都，與《吳越備史》所說的浙江都，應該是一個地方。都將劉孟安因與錢鏐衝突，在光啓二年（八八六）被錢所殺。[33] 阮結繼而成為浙江都將，似在光啓三年（八八七），見《吳越備史》：

「（光啓三年五月）……浙江都將阮結……」[34]

而在此之前，阮結只是副將，也見《吳越備史》：

「（中和二年冬十月）（八八二）……浙江都遊奕使阮結……」[35]

「（龍紀元年五月）（八八九）潤州阮結卒。結字韜文，錢塘人也。杭州建八都，結亦副焉。」[36]

錢鏐在併有劉孟安的部眾後，乃指定錢塘人阮結入主錢塘都。而錢塘都之所以又稱浙江都，恐怕與縣南的一條浙江有關，[37] 不過，無論錢塘都或浙江都，均不見於《新唐書》周寶傳中所列的八都。此外錢塘都另俗稱北關鎮，《吳越備史》謂

北關鎮將劉孟安，[38] 關於「北關鎮」，在《元豐九域志》杭州錢塘縣條下，有南場、北關、安溪、西溪四鎮。[39] 另《咸淳臨安志》中的〈中興永安橋記〉也記：

「錢塘大都，甲於二浙，中有兩河，架橋數百所，府北十餘里，號北關鎮，商賈駢集，物貨輻萃，公私出納，與城中相若，車馳轂擊，無閒晝夜……」[40]

錢塘都的兵力，是以鎮為基礎，而成立的。

2. 餘杭

《資治通鑑》謂餘杭都將為凌文舉，《吳越備史》則謂是陳晟，[41] 但《新唐書》與《吳越備史》均又說凌文舉為龍泉都將，而《新唐書》則謂陳晟為清平都將，至於《資治通鑑》就根本未將陳晟列入八都都將之內。按清平都為餘杭都之別稱，[42] 而餘杭都將似應為陳晟才對，《吳越備史》天祐二年（九〇五）十二月條記：

「晟……餘杭人也，八都建，稱清平鎮將。」[43]

在中和四年（八八四），陳晟在據睦州以前的官職，就是餘杭鎮使。[44] 至於龍泉縣，並不在杭州八縣內，而是屬浙東處州，[45] 而處州從中和元年（八八一）至梁開平元年（九〇七）一直為盧約所佔據。[46] 關於凌文舉的事蹟已不可尋，故有的說法認為凌任龍泉都將的意義甚不清楚，龍泉都不是杭州八都之一。[47] 但《新唐書》、《吳越備史》、《資治通鑑》三書俱載有凌文舉其人，而前兩書均記凌文舉為龍泉都將，故杭州八都之中包括龍泉都，似又是事實。按《資治通鑑》天復二年（九〇二）八月條記，武勇都徐綰、許再思叛變時，錢鏐從臨安經龍泉回杭州，胡三省在此注：「龍泉

即龍井，在杭州城西南風篁嶺上，去城十五里」。[48]《咸淳臨安志》錢塘縣下有：「龍山市，去縣十五里。」[49] 同書，九縣山川總圖，在府郭西南有龍井山。[50] 由這些資料看來，龍泉（龍井、龍山）的名字，在錢塘縣西南十五里的地點，入宋後尚以市的名義而存在，吳越時期的龍泉鎮，入宋後或被廢易。以鎮為基礎，而形成的都武力，本不必囿限於一縣一都的方式。[51]

3. 臨安

臨安又名石鏡，後再改安國。在乾符二年（八七五）以前，董昌已據石鏡，錢鏐成為其副手，可能在乾符五年（八七八）之後，因朱直管、曹師雄、王知新之亂，「秋九月，王（錢鏐）率本鎮兵討平之，以功聞，授石鏡鎮衙內都知兵馬使遷鎮海軍右職。」[52]

4. 富陽

富陽與富春、靖江、靜江等，皆為同一都。《元和郡縣圖志》記：

「富陽縣，本漢富春縣，屬會稽郡，晉孝武太元中，避鄭太后諱，改春為陽。」[53]

可知富陽是由富春改過來的，但《吳越備史》載：

「（開平四年五月）（九一〇），改西府富陽縣為富春縣。」[54]

至於為何要改回去呢？《十國春秋》曾作解釋：

「武肅王（錢鏐）與楊氏有怨，凡縣名有陽字者，皆易之。」[55]

暨陽縣改成諸暨縣，[56] 松陽縣改成長松縣，[57] 都是這樣的情形。為何又稱靜江都呢？《吳越備史》記成及傳云：

「及字弘濟，錢唐縣人也……咸通中戊戌間（咸通十年，八六九，才有戊戌），捍山賊，逐齊寇，聲明遂振，及八都浸盛，復分十三都，以富春為靜江都將。」[58]

宋人路振《九國志》的成及傳也記：

「光啟初（八八五），浙江兵亂，及保聚于富春，稱靜江都。」[59]

至於靖江，因靖與靜音同，《吳越備史》亦曾屢言「靖江」。[60] 又都將聞人宇與文禹音亦相近，或應作聞人宇。[61] 事實上，《吳越備史》也曾將成及的「及」字，誤寫成「吉」字。[62] 不過，聞人宇早卒，成及的事蹟才重要。

5. 於潛

《資治通鑑》未列於潛，但《吳越備史》及《新唐書》均列入了，且都將均為吳文舉。關於討論於潛都，要注意到《吳越備史》在景福二年（八九三）秋七月，有一條「十三都」的記載：

「十三都者，八都之外，有紫溪、保城、龍通、三泉、三鎮，是為十三都。」[63]

根據《元豐九域志》所記，其中保城鎮屬於潛縣，[64] 於潛縣只有保城一鎮，在這樣的地理條件之下，於潛縣立二都的可能性不大，故保城鎮應為於潛都。[65] 再證之羅隱所寫的〈東安

鎮新築羅城記〉：

「於時，紫溪竄，保城火，建寧不守，靜江無將，奔我而活者，四鎮之生聚焉。」[66]

可知保城鎮確實已經立都。

6. 唐山

唐山都將饒京（亦作景），為青州淄水人，後歸錢鏐，為鎮海軍紫溪鎮遏使。[67] 紫溪屬唐山，[68] 紫溪與保城，在八都之外，而應列入十三都之內，故《資治通鑑》不列唐山都饒京。

7. 鹽官

《新唐書》、《吳越備史》、《資治通鑑》三種資料所記皆相同，都將均為徐及。鹽官都又名海昌都，此見於《吳越備史》沈夏傳：

「（沈）夏，海鹽人也，徐及為監鎮，與高彥隸其中，及亦八都之一，號海昌者也。」[69]

其後，錢鏐指使沈夏、高彥刺殺徐及，而劫奪其軍，徐及死後，其所領軍兵分裂。[70] 繼任都將為高彥與沈粲。[71]

8. 新城

唐、宋均稱新城縣，但五代朱梁一度改為新登。[72] 又《吳越備史》中杜建徽傳：

「初八都建，稜（建徽父）率鄉黨以武安為號。」[73]

除新登、武安外，杜稜亦稱東安都將。[74]

由以上的八條分析，可知杭州八都，係由一縣一都所構成的說法，並不完全正確，因知錢塘縣至少有兩都，而於潛與唐山，尚不列入最初的八都內。這是忽略了各縣的地理條件不同，因立都需以鎮兵為基礎，如《資治通鑑》所列的臨平都曹信，胡三省注臨平鎮在錢塘北，[75] 按臨平入宋屬仁和縣，[76] 唐時無仁和縣，其地從錢塘、鹽官各半析出。[77]《吳越備史》丞相曹仲達傳記載：

「仲達，臨平人也⋯⋯祖信，知嘉興監事，累贈司徒，本歙州人，尋歸杭州，為臨平鎮將。八都建時，信因保嘉興東界，遂家臨平焉。」[78]

臨平鎮在杭州之東四十五里，[79] 曹信的兵是嘉興縣兵，在唐末光啓年代，嘉興縣屬杭州。[80] 置秀州與嘉興縣屬秀州，都是後來的事。故董昌的杭州八都兵內，含臨平都是合理的。曹信之子曹圭後歸錢鏐，為嘉興都將，曾堅守嘉興城抗拒淮南兵。[81] 故臨平都亦稱嘉興都，不過嘉興縣有二鎮，臨平是東界，義和是西鄙，[82]《吳越備史》載：

「（開平三年）（九〇九）十月，湖州刺史高澧貳于我，遣其黨焚燒義和、臨平等鎮。」[83]

《吳越備史》沈夏傳曾記：

「夏遂與其下謀之，一夕竊發，（徐）及死，其下遂分。而夏性兇暴，不即我歸，乃以所得眾七千餘人，聚於臨平山下，擇幼弱者盡殺之，惟留三千餘人，徑往嘉興劫吳公約，同入海為

剽，公約不從，將殺之，乃叩頭曰：惟吾兄之命。遂與俱往，未幾，夏以公約庸懦，因放其歸。」[84]

這個吳公約就曾做過義和鎮遏使，[85]論到吳公約的資格，也是相當地老，羅隱《吳公約神道碑》記：

「黃巢之將叛也，天下騷動，杭之豪傑舉梃以衛鄉里者八人，故立八都之號。其間王公節將，派有分者一十三都，君居其一焉。君諱公約，字處仁，杭之餘杭人，以膽略為郡邑推，應募西討，授西佳鎮遏使，其後從董太尉禦巢，加御史中丞，奏置都額，改硤石為郡邑之所。」[86]

按硤石市在鹽官縣東北六十里，市當水陸要衝，多商人聚集，是地方性經濟的重點。[87]羅隱雖謂吳公約是十三都將之一，但《吳越備史》所記的十三都，並未將吳列入。事實上，當時小鎮市的武力很多，無法詳計。

綜而言之，杭州八都的「八」字，或由唐代杭州八縣而來。但最初的八都是臨安董昌、錢塘劉孟安、餘杭陳晟、富陽聞人宇、鹽官徐及、龍泉凌文舉、新城杜稜、臨平曹信。而餘杭陳晟於中和四年（八八四），逐睦州刺史柳超，自領州事。[88]算是另謀發展了，故《資治通鑑》的記載或比較正確，因其不列餘杭陳晟、於潛吳文舉、唐山饒京等三人。不過，八都兵後來繼續擴張，《資治通鑑》記：「錢鏐以八都兵起，後其眾日盛，置十三都。」[89]此十三都，是起於景福二年（八九三），錢鏐發民夫二十萬及十三都軍士，築杭州羅城。[90]《吳越備史》謂舊八都，加上紫溪（唐山）、保城（於潛）、龍通、三泉、三鎮等五都，是為十三都。[91]此說法尚待商榷，

因《吳越備史》所記的十三都，其中有重複的都，而到了景福二年（八九三）時，舊八都僅有東安（新城）杜稜、浙江（錢塘）阮結、靖江（富陽）成及、海昌（鹽官）沈粲、嘉興（臨平）曹圭，再加上臨安等六都，被錢鏐所掌握，如再加上新五都，則只有十一都。其所以稱十三都，或尚包括嘉興西鄙的義和鎮，及以孫儒降卒新組成的武勇都。茲將舊八都及新五都列表於下：

縣　名	鎮　名	都　名	都將及副都將
舊八都	錢塘縣　北關鎮	錢塘都、浙江都	劉孟安、阮　結
	餘杭縣　清平鎮	餘杭都、清平都	陳　晟
	錢塘縣　龍泉鎮	龍泉都	凌文舉
	富陽縣	富陽都、富春都、靖江都、靜江都	聞人宇（文禹）、成　及
	臨安縣　石鏡鎮	石鏡都	董　昌、錢　鏐
	鹽官縣　海昌鎮	鹽官都、海昌都	徐　及、沈　粲、高　彥
	新城縣　東安鎮	新城都、新登都、武安都、東安都	杜　稜、杜建徽
	嘉興縣　臨平鎮	臨平都、嘉興都	曹　信、曹　圭
新五都	於潛縣　保城鎮	於潛都、保城都	吳文舉
	唐山縣　紫溪鎮	唐山都、紫溪都	饒　京（景）
		龍通都	
		三泉都	
		三鎮都	

五、錢鏐掌握八都兵的經過

初時，八都的指揮權並不統一，錢鏐為董昌屬下，僅能統

領石鏡鎮兵而已。朱直管為山賊，曹師雄為王仙芝餘黨，寇湖州時，被鎮海節度使裴璩遣兵擊破。[92]其時，八都似應均在鎮海節度使指揮之下。後來，石鏡鎮兵卻以抗黃巢兵，而聲名大著，《吳越備史》及《新五代史》均記載了此事，《吳越備史》記：

「（乾符）六年（八七九）秋七月，黃巢擁眾二十萬人，大略州縣，淮南節度使高駢羽檄徵兵討之。時巢三百（萬）餘眾將及石鏡鎮，王（錢鏐）謂董氏曰：『黃巢以數萬之眾，踰越山谷，旗鼓相遠，首尾不應，宜以伏兵襲之，賊或少卻，則可逐矣。』前軍二千餘眾果崎嶇而至，王率二十騎伏于草莽，巢小將單騎先進，王親注弩射之，應弦而斃，伏兵遂起，巢兵大潰，王謂眾曰：『此術止可一舉耳！大軍必至，則眾寡莫敵矣！宜乘勝張虛聲以懼之。』乃進屯八百里（古地名也），途次逆旅，遇一老嫗，而誡之曰：『後有兵至，當言臨安兵屯八百里。』未幾，巢兵果至，具如所對，賊眾相顧曰：『向止數騎尚不可當，況八百里乎。』遂不犯境，王又伺其後軍，殺獲人馬而還，歸功董氏，淮南高駢聞而偉之。」[93]

石鏡鎮兵抗巢兵事，其他史料多引自《吳越備史》，不過《吳越備史》的這一段記載，在時間上似稍有錯誤，按黃巢兵過浙東，執觀察使崔璆，[94]陷越州（今紹興市），事在乾符五年（八七八）八月，[95]僅繞過杭州，並未攻擊杭州。乾符六年（八七九）七月時，黃巢仍在廣州，曹全晟與劉巨容在荊門擊破巢軍，時在十一月，其後巢軍方才再掠經杭州。[96]錢鏐兩次可能接觸巢軍的時間，一為乾符五年七月或八月，另一則為乾符六年十一月，都不是《吳越備史》所說的乾符

六年七月。而在這一件事情之後，高駢曾召董昌與錢鏐至廣陵嘉獎，時間不詳，《吳越備史》言在廣明元年（八八〇）十二月之後，[97]似不應如此之晚，按《資治通鑑》廣明元年（八八〇）三月條載：

「淮南節度使高駢，遣其將張璘等擊黃巢屢捷，盧攜奏以駢為諸道行營都統。駢乃傳檄徵天下兵，且廣召募，得土客之兵共七萬（土兵，謂淮南之兵也；客兵，謂諸道之兵也），威望大振，朝廷深倚之。」[98]

所以董昌與錢鏐至廣陵，可能在廣明元年（八八〇）三月以前。五月，高駢部將張璘擊巢，失敗陣亡，高駢驚懼退守，錢鏐乃向董昌建議返浙，《吳越備史》載：

「時駢將大舉討巢，命董氏從行，王謂董曰：『竊窺高公無討賊之志，苟從其行，功效不立，是同坐罪，宜以捍衛鄉里為辭。』董然之，告於駢，駢因以禮而歸焉。」[99]

中和元年（八八一），董昌自石鏡引兵入杭州，高駢及周寶均表董昌為杭州刺史，錢鏐則被任為都知兵馬使太子賓客。[100]昌既為杭州刺史，乃以錢鏐為都指揮使，統八都兵。[101]錢鏐自此掌握了八都兵的指揮權，這是一件很重要的事，董昌所以能夠割據浙西，以及後來錢鏐能統一兩浙，全都是靠了這一支兵。

六、杭州八都兵的性質

唐末天下大亂，中央政府的權力漸趨沒落，地方群雄起而割據，當時的地方勢力主要有三種：一為驕兵所擁立武夫出身

的藩帥、州長；二為經由招安政策，盜賊出身者，也能成為藩帥、州長；三為地方的「自衛團」（Regional Militia Organizations）[102]。自衛團之所以產生，與流寇、軍賊的慘虐行動有關，再加上地方群雄的割據攻爭，無論勝敗雙方的軍兵，均增加了剽掠暴行的機會，庶民的痛苦乃更增大一層，為了生存之道，捨自衛而外，別無他法。這是出於一種鄉里防衛性質，如《資治通鑑》所記，咸通元年（八六○）三月裘甫攻明州時：

> 「明州之民相與謀曰：『賊若入城，妻子皆為菹醢，況貨財，能保之乎？』乃自相帥出財募勇士，治器械、樹柵、浚溝、斷橋，為固守之備。」[103]

從唐末迄五代初（八七四～九一○）的這四十年間，隨著暴亂的蔓延，民間自衛團亦急速地發生、普及與強化。自衛團通常以人口密集的村落或草市（當時州縣治城市以外，經濟發達的小都市）為中心，集合周圍的鄉村組織而成，其組成地域相當廣闊。由於要維持相當的兵員，及強大防衛力的裝備，需要充足的資金，與都市連結乃成為必要。各自衛團的兵力數量不一，小者數百人，大者亦有能至萬人，惟平均計，則為千人左右的樣子。[104]杭州八都，每鎮的兵力，皆以千人為標準。[105]

統率自衛團的將領，當然需智勇兼備者，一般來說，多推舉地方上有德望的鄉紳，及有實力的土豪，羅隱《吳公約神道碑記》中所說的「王公、節將」，「王公」係指背景、德望為鄉里所重，例如杭州八都內富陽都的成及，《吳越備史》載：

> 「及字弘濟，錢塘縣人也，祖克評嘉王府長史，父貞國子

博士，及性淳厚，為鄉里所重。」[106]

王府長史為從四品文官，國子監博士則為正五品。[107]成及的家世是與中央權力之一端結合的，本人又為「鄉里所重」，乃成為地方的領導人。其次，新城的杜稜，《吳越備史》載其子杜建徽傳：

「建徽字延光，新城縣人也，祖仲民不仕，累贈水部員外郎；父稜贊忠去偽，功臣兩浙行軍司馬，鎮海軍節度副使，常、潤二州刺史。」[108]

還有吳公約，「以膽略為郡邑推」，及「庸懦」的雙重性格，亦是鄉紳階層的特色。至於「節將」，則就是地方上的實力人物了，例如鹽官徐及「平素強梁」，[109]而董昌、陳晟、饒京皆為此屬。不過，無論王公、節將，都須是「豪傑」與有「膽略」者，錢鏐即是一例，錢的背景是「無賴」、「以販鹽為盜」，後任董昌屬下，位亦不過裨將，然有英雄氣度，杜稜曾批評過錢鏐說：

「吾每責人，不過十罰則為之傷心，而觀錢公每有斬決，則談笑是若，成大事者是人也。」[110]

觀錢鏐併鹽官徐及之軍，全以詭詐之計；《吳越備史》載錢鏐於東討越州劉漢宏前時：

「徐及遣（沈）夏與高彥率本部會我師，王（錢鏐）見之甚悅，延入臥內謂曰：『吾東討之師已眾，渡江之役無勞爾輩，但徐及平素強梁，終非我所蓄，以我東討，或為後患，汝還本營為我殺之，皆當以列郡牧汝。然吾非誨人為逆者，但境上苦

于干戈不仁者，當盡除之，用息生聚耳，汝等當識吾意。』夏等再拜聽命，王厚遣之。既回，告及曰：『董公與錢公以兵討賊，聞將軍以所部見助，喜動於色，然以東北為慮，無論杭州八都乃至十三都，其立都的基礎，大部分都是先要擁有鎮，從鎮將到都將，再到刺史，一步一步地上去，錢鏐及其部下均是如此。鎮將與都將雖本為一體，然在解釋上仍稍有區別，按唐制：

「唐廢戍子，每防五百人為上鎮，三百人為中鎮，不及者為下鎮。」[117]

咸通元年（八六○）正月，裘甫之亂，攻破越州之剡縣，越州大恐。「時二浙久安，人不習戰，甲兵朽鈍，見卒不滿三百。」[118] 剡縣駐兵尚不及一中鎮，可見官軍已完全失去戰鬥能力。鎮兵必須重新召募，方有戰鬥力，用兵固難，養兵更非易事，除需依恃鎮市的經濟力外，尚要立都。按唐代的都將，原出於元和十年（八一五）鄂岳觀察使柳公綽討蔡州吳元濟時，《資治通鑑》載：

「公綽至安州，李聽（安州刺史）屬橐鞬迎之。……選卒六千以屬聽，戒其部校曰：『行營之事，一決都將。』（胡三省注：總諸部之軍者，謂之都將。）」[119]

依此，都將本為行軍之臨時指揮官，但後來都將卻漸漸變成了地方勢力的實際掌握者，都將成為以地方勢力，抗拒中央政府所任命地方官吏的焦點，如大中十二年（八五八）五月，湖南都將石載順逐觀察使韓悰；[120] 同年六月，江西都將毛鶴逐觀察使鄭憲；[121] 同年七月，宣州都將康全泰作亂，逐觀察使鄭

薰；[122] 乾符五年（八七八）三月，湖南都將高傑逐觀察使崔瑾。[123] 當然，相反也有都將被殺的例子，如咸通九年（八六八）七月，龐勛之亂，殺都將王仲甫；[124] 中和三年（八八三），廬州牙將楊行愍（即楊行密）殺都將，并將諸營。[125] 不過，這些殺都將也是以下剋上的例子。鎮兵擴張至千人以上，勢需要立都，不獨杭州如此，浙西其他地區也是一樣，如《吳越備史》乾寧四年（八九七）九月，記湖州刺史李繼徽之父李師悅時：

「（湖）州有十五都頭，其下俱數千人，師悅撫之。」[126]

像這樣都比鎮的兵力，一舉增十數倍之多，全是招募來的，此種募兵，與一般的傭兵有別，因鄉里性質濃。杭州八都擴充鎮兵的背景，也是似此。鎮將與都將所以成為地域軍事力的最高支配者，與把握募兵權有關，如明州刺史黃晟，「初應募于望海鎮，鎮中立表，以選其魁梧者，晟以矮陋不中選。」[127] 但晟回家鄉後，「潛還本鄉，募眾據平嘉埭，時權知州事楊僎署晟為平嘉浦（埭）將，有眾千餘人。……遂為奉化鎮將。」[128] 由於自衛團是這樣地強，再加上浙西觀察使體制薄弱，使得有實力者，取得地方行政長官之地位甚易。[129] 董昌拒路審中，陳晟逐柳超，均為例子。

七、與浙東劉漢宏爭戰

中和二年（八八二），杭州董昌與越州觀察使劉漢宏，雙方因擴充地盤而發生激烈衝突。《新唐書》有劉漢宏傳：

「劉漢宏，本兗州小吏，從大將擊王仙芝，劫輜重叛去。乾符末，略江陵，焚民室廬，廛無完家。於是都統王鐸遣將崔

錯降之，表為宿州刺史，漢宏恨賞薄，有望言。會浙東觀察使柳瑠得罪，乃授漢宏觀察使代之。」[130]

劉漢宏所以能出長浙東，據《吳越備史》的解釋是：

「會浙東觀察使柳韜以賄免，朝官皆恥代之，議者以漢宏降將也，以降將代贓吏宜矣！乃除之。」[131]

唯事實上的問題，並非如此簡單，在當時兩浙的激盪形勢下，一般唐朝官吏，並不希望赴浙東上任，除非自己帶有足夠的兵力，能壓制地域的武力，劉漢宏恰巧是代表北方系的軍事勢力。[132]而兩浙的財富，亦為唐朝中央政府所重視與依賴，在這兩個前題下，劉漢宏遂以客軍身份，於廣明元年（八八〇）進入浙東。[133]當然，無論就任人原則，及後來事實的發展，唐廷的此項任命顯然都是錯誤的。因漢宏為盜賊出身，不改其本性，胡三省譏為：「賞盜而盜怨其賞薄，彼固有以窺朝廷也。」[134]如果漢宏得志，其禍患決不下於憲宗朝時李錡之亂。[135]唐廷以盜賊出身的外州軍人入主浙東，浙人當然不服，不獨種下了浙東與浙西地域武力火拼的導火線，而且導致了浙人對唐廷的離心力。

漢宏既得浙東七州之地，乃思更進而向浙西拓展，而董昌所代表的杭州地域支配體制，業已形成，八都的兵力已能統和運用。[136]於是雙方從中和二年（八八二）七月，一直打到光啓二年（八八六）十二月，共打了四年之久，其經過情形，大致可分為兩個階段：

第一個階段，雙方全力以赴，共打了五場硬仗：

1. 中和二年（八八二）七月，[137] 浙東觀察使劉漢宏遣弟漢宥
   及馬軍都虞候辛約將兵二萬營於西陵，謀兼并浙西，杭州
   刺史董昌遣都知兵馬使錢鏐拒之。七月十二日夜，鏐乘霧
   濟江，襲其營，大破之，所殺殆盡，漢宥、辛約皆敗走。[138]

2. 中和二年（八八二）十月，劉漢宏又遣登高鎮將王鎮，將衢
   婺等四州之兵七萬屯西陵，錢鏐率儒童鎮將徐靖、浙江都遊奕
   使阮結復濟江襲擊，大破之，斬獲萬計，得漢宏補諸將官偽敕
   二百餘通，鎮奔諸暨。[139]

3. 中和三年（八八三）三月，劉漢宏兵分屯黃嶺、巖下、貞女
   等三鎮（三鎮當在婺、越間），錢鏐將八都兵自富春擊之，破
   黃嶺，擒巖下鎮將史弁、貞女鎮將楊元宗。四月，漢宏以精兵
   屯諸暨，鏐又擊破之，漢宏走。[140] 五月，漢宏再遣將何肅、黃
   珪，軍營於蕭山、諸暨，復為錢鏐所破。[141]

4. 中和三年（八八三）十月，劉漢宏將十餘萬眾出西陵，錢鏐濟
   江迎戰，大破之，漢宏易服持鱠刀而遁，時軍中有異其狀者，
   將擒之，漢宏誑說我宰夫耳，遂得免。次日，漢宏收餘眾四萬
   又戰，鏐又破之，斬其弟漢宥及將辛約，漢宏宵遁歸越。[142]

5. 中和四年（八八四）二月，戰場發生大變化，劉漢宏手下大
   將婺州人王鎮執刺史黃碣，降于錢鏐，被漢宏聞知，旋遣將婁
   賁殺鎮代之。兩個月後，浦陽鎮將蔣瓌又召鏐兵共攻婺州，擒
   賁而還。[143]

　　打到這個時候，雖然杭州方面屢佔上風，但劉漢宏仍控
制著浙東的基本形勢並未改變。當時朝廷對劉漢宏也頗為滿

意，因僖宗在蜀，漢宏貢輸踵驛而西，帝悅之，乃於中和三年（八八三）十二月，升浙東為義勝軍，並以漢宏為節度使。[144] 所以，中和四年（八八四），僖宗遣中使焦居璠為杭、越通和使，詔昌及漢宏罷兵，但皆不奉詔。[145] 不過，這一次的調停也並未完全失敗，事實上雙方暫時息兵了，兩年之後才再爆發了第二個階段戰爭。

第二個階段的戰爭，進行得非常快。光啓二年（八八六）十月，浙西杭州方面，先發動攻擊。錢鏐謂董昌曰：「除惡務去根本，不爾，當為後患，願以全師討之。」昌然之，並曰：「汝能取越州，吾以杭州授汝。」[146] 鏐遂將兵自諸暨趨平水，鑿山開道五百里，出曹娥埭，浙東將鮑君福率眾降之，鏐與浙東軍戰，屢破之，進屯豐山。[147] 十一月，鏐克越州，劉漢宏奔台州。十二月，台州刺史杜雄誘劉漢宏，執送董昌，斬之。[148] 昌徙鎮越州，自稱知浙東軍府事，以錢鏐知杭州事。[149] 漢宏的失敗，在於智略既不如錢鏐，又不知形勢上取守之道，《新唐書》載：

「漢宏既有七州，志侈大，輒曰：『天下方亂，卯金刀非吾尚誰哉？』鴉噪諸廷，命斫樹，或曰：『巨木不可伐。』怒曰：『吾能斬白蛇，何畏一木！』」[150]

其人粗亂如此，毫無耐性，故為鏐所敗。人才不濟也是原因，漢宏自己也承認過無「名將、良策」。[151] 還有一個勝負的討論點，便是在兵員的徵調方面，以兵員數量而言，浙東是佔著優勢，茲將漢宏所使用的兵力，表列於下：[152]

中和二年七月	遣弟漢宥、馬軍都虞候辛約率兵二萬，營於西陵。
中和二年十月	漢宏又率衢婺等四州兵七萬餘人。……俘馘萬計。
中和三年三月	漢宏又分兵於黃嶺、岩下、貞女等三鎮及山洞凡九十三所，皆千餘人。（此兵力已近十萬，包括了少數民族洞民之兵在內。）
中和三年五月	漢宏又遣將何蕭、黃珪等，率本道排門軍，營於蕭山、諸暨等處。……破賊一萬餘人。（估計兵力亦可能有七萬之眾）
中和三年十月	漢宏又……會溫、處等州兵洎白丁十餘萬眾。
中和三年十月	漢宏復舉餘黨四萬人來抗。

像這樣地域性地大量使用兵力，勢必要用徵兵制度，以浙東觀察使下全農民為動員對象才行。[153]根據《太平寰宇記》的記載，將浙東七州的戶數列表於下：[154]

越　　州	主客五萬六千四百九十一
衢　　州	主客一萬九千八百五十九
婺　　州	主三萬三千九百八十二，客六十四
明　　州	主一萬八百七十八、客一萬六千八百三
台　　州	主一萬七千四百九十九、客一萬四千四百四十二
溫　　州	主一萬六千八十二、客二萬四千六百五十八
處　　州	主客二萬五百八十六
總　　計	主客二十三萬一千三百七十一

估計在唐末時，浙東的戶數不會與此數目相差太遠。而同時期杭州的主客戶數是七萬三百五十七，[155]故劉漢宏所能徵調的兵力面，要較杭州方面多三倍強，何況漢宏還「發洞獠同攻」，[156]掌握了一些少數民族的兵。但這種徵調方式 兵的戰鬥力是不行的，當時南、北的情形不一樣，劉漢宏是北方系軍人的觀念。以後來湖州的高澧為例來說明，《吳越備史》高澧傳記：

「召鄉丁為衙軍，號儔要都，皆文其面，衣青衫、白袴、

緋抹額。」「時親紀二丁軍三千餘人，會有言其怨嗟者，集於開元寺，紿曰：『將饗汝。』因閉三門之半而納之，入者旋殺逮半，在外者方覺，因奔逸縱火為亂。」[157]

此種二丁軍，是為戶內二丁以上之壯丁，而徵發一人。由劉漢宏所出動的兵力數量來看，推斷當時越州徵兵的情況，應和湖州差不多。地方政權全面徵發的兵，無親任的關係，「文其面」簡直是虐待與侮辱，再加上經濟負擔太重，有時兵多反而無作戰力。越州與湖州雖由同型軍事力構成，但杭州的情況則完全不同，鎮兵根源於自衛團，是招募形式的半職業性兵團，由於不是強制性的徵兵，反而戰鬥力較強，雖屬鄉豪的支配體系，但在自立式的小經濟基礎上，軍隊的組織比較穩固。[158]此外，這一戰役對錢鏐個人亦頗重要，第一是鏐終因戰功，而取得了杭州刺史方面之任，雖仍隸屬於董昌越州觀察使支配之下，但已開始據有獨立發展的形勢；第二是在攻擊浙東時，杭州八都之各勢力連合，是一種以征服後的共同利益為中心，各都兵不脫連合勢力的色彩，錢鏐對於諸將的統制力，並不是十分強固的。[159]但戰後爆發了一場衝突：

「既而儒童鎮將徐靖以停掠居人，戮之于市；北關鎮將（彭城）孟安與弟孟宿輒起府庫，散其本部，仍執廉使牌印，王因饗于毬場，遂責之，孟安即席謀王，立斬以徇。時孟宿部兵屯于外，王親撫之，悉有其眾。」[160]

鏐以肅軍紀為名，一舉而誅除了徐靖、劉孟安等宿將，終於奠定了鏐本人之權威。

八、周寶之被逐與死

從中唐以後，浙西地方對於唐朝權力的安定狀態，一直有重大的影響，因在經濟上依賴甚深緣故。而浙西地方官僚，一直以文人担任，從黃巢之亂以後，才出現了武人型的節度使，先為高駢，次為周寶，兩人均為神策軍出身。[161] 自乾符六年（八七九）起，周寶即被任為鎮海軍節度使，當時地方割據勢力甚強，周寶的統治力能否及於全浙西，是很有問題的，但理論上說，杭州是其轄下，錢鏐還是其下屬。周寶與隔江的淮南節度使高駢，關係非常惡劣，根據《資治通鑑》的記述：

「中和元年（八八一）……初，高駢與鎮海節度使周寶俱出神策軍，駢以兄事寶。及駢先貴有功，浸輕之，既而封壤相鄰，數爭細故，遂有隙。駢檄寶入援京師，寶治舟師以俟之，怪其久不行；訪諸幕客，或曰：『高公幸朝廷多故，有并吞江東之志，聲云入援，其實未必非圖我也！宜為備。』寶未之信，使人覘駢，殊無北上意。會駢使人約寶面會瓜洲議軍事，寶遂以言者為然，辭疾不往，且謂使者曰：『吾非李康，高公復欲作家門功勳以欺朝廷邪！』駢怒，復遣使責寶：『何敢輕侮大臣？』寶詬之曰：『彼此夾江為節度使，汝為大臣，我豈坊門卒邪！』由是遂為深仇。……駢上表，訐以寶及浙東觀察使劉漢宏將為後患。……」[162]

以此觀之，高駢似是支持董昌，而周寶則與劉漢宏相善。不過，周寶與錢鏐之間的關係也還不錯，當董昌移鎮越州時，周寶承制以錢鏐權知杭州軍州事，兼杭州管內都指揮使。[163] 周寶治內，並不安靖，光啟二年（八八六）正月，鎮海牙將張郁作亂，攻陷常州。[164] 同年六月，周寶遣牙將丁從實收回常州。[165]

可知軍隊一直不穩，到了光啟三年（八八七）三月，周寶本人
又被鎮海軍所逐，《資治通鑑》載：

「鎮海節度使周寶募親軍千人，號後樓兵，稟給倍於鎮海
軍；鎮海軍皆怨，而後樓兵浸驕不可制，寶溺於聲色，不親
政事，築羅城二十餘里，建東第，人苦其役。寶與僚屬宴後
樓，有言鎮海軍怨望者，寶曰：『亂則殺之！』度支催勘使薛
朗以其言告所善鎮海軍將劉浩，戒之使戢士卒，浩曰：『惟反
可以免死耳！』是夕，寶醉，方寢，浩帥其黨作亂，攻府舍而
焚之。寶驚起，徒跣叩芙蓉門呼後樓兵，後樓兵亦反矣。寶帥
家人步走出青陽門，遂奔常州，依刺史丁從實。浩殺諸僚佐，
癸巳，迎薛朗入府，推為留後。寶先兼租庸副使，城中貨財山
積，是日，盡於亂兵之手。」[166]

寶出亡時曾說：「為吾用則吾兵，否則寇也。六州皆我鎮，何
往不適？」[167] 寶有徵調其他各州軍平亂之意，錢鏐遂即時把握住
機會。光啟三年（八八七）五月，鏐遣東安都將杜稜、浙江都
將阮結、靜江都將成及將兵討薛朗。[168] 六月，杜稜等敗薛朗將李
君旺於陽羨（在常州西南），獲船八百餘艘。[169] 十月，杜稜等拔常
州，[170] 丁從實奔海陵，錢鏐奉周寶歸杭州，屬橐鞬，具部將禮，郊
迎之。[171] 十二月，周寶卒於杭州。[172] 關於周寶的死，有兩種說法，
一為病卒，[173] 另一則為鏐所殺，[174] 按周寶死時年已七十四歲，[175] 病
死當有可能，以當時的情況而言，鏐並無殺死寶的必要，鏐雖有
乘勢擴充地盤的心思，但其時潤州尚未攻下，活周寶駐杭州，對
鏐是有利的。《新唐書》（歐陽修對錢氏有偏見，容後再議）謂寶
被鏐所殺的說法，並不正確。[176] 同月末，錢鏐以杜稜為常州制置
使，並命阮結等進攻潤州，克之，劉浩走，擒薛朗以歸。[177] 文德

元年（八八八）正月，錢鏐斬薛朗，剖其心以祭周寶，並以阮結為
潤州制置使。[178]周寶所說的「六州皆我鎮」，此六州應指潤、常、
蘇、杭、湖、睦等州。[179]觀錢鏐之迎周寶，及一連串之進攻，其志
乃在進佔鎮海軍轄下地盤，所以在潤、常兩州拿下之後，九月，鏐
遣其從弟銶將兵續攻蘇州，[180]時蘇州為淮南六合鎮遏使徐約所據，
[181]龍紀元年（八八九）三月，錢銶拔蘇州，徐約亡入海而死，錢鏐
以海昌都將沈粲權知蘇州。[182]五月，潤州制置使阮結卒，錢鏐以靜
江都將成及代之。[183]十月，勅命杜孺休為蘇州刺史，錢鏐不悅，以
知州事沈粲為制置指揮使。[184]實際上，「沈粲制其兵權，杜孺休直寄
坐耳。」[185]至此，鎮海軍六州差不多全在錢鏐的支配之下了。其所
以能夠得到一連串的勝利，除了鏐個人的才能之外，便是能掌握情
勢，迅速利用廣陵之亂高駢敗亡後，秦彥、畢師鐸、楊行密、孫儒
等人，在爭奪江淮的混戰中，錢鏐一方面坐山觀虎鬥，另一方面
乘勢擴充自己的地盤，乃漸次坐大，錢鏐的正式官職是杭州刺
史及杭越管內都指揮使，[186]本無權任命其他各州刺史，故任命
常、蘇、潤三州制置指揮使，制置指揮使掌州內軍事權，即事
實上的州官了，刺史名目需朝廷承認才行，這時錢鏐已開始建
立其藩鎮體制。[187]必須擴大杭州以外周邊地域的防禦力，文德
元年（八八八）築嘉興縣城，[188]龍紀元年（八八九）於臨安築
安眾營，[189]大順元年（八九〇）修杭州城郭：

「王命築新夾城，環包氏山，泊秦望山而廻，凡五十餘
里，皆穿林架險而版築焉。」[190]

大順二年（八九一），在新城縣東安鎮築新城，[191]羅隱有
一篇〈東安鎮新築羅城記〉盛誌其事。全部防事，皆以杭州
為中心，亦奠定了杭州方面與淮南相抗的基礎。

　　龍紀元年（八八九）十月以後，江淮之爭的局勢，逐漸明朗化，變成了楊行密與孫儒二雄對立，楊行密為擴充地盤，及鞏固自己的勢力，乃遣田頵攻常州，[192] 時杜稜守常州，碰到強悍的淮南兵，乃敗陣下來。十一月，田頵攻常州，為地道入城，中宵，旌旗甲兵出於制置使杜稜之寢室，遂虜之，以兵三萬戍常州。[193] 杜稜為鄉紳長者，故不久就被放歸杭州，[194] 鏐令稜築東安城自固。[195] 十二月，孫儒自廣陵引兵渡江，逐田頵，取常州，以劉建鋒守之；儒還廣陵，建鋒又逐成及，取潤州。[196] 成及奔歸。[197] 大順元年（八九〇）二月，潤州、常州又從劉建鋒手落到楊行密手中，[198] 八月，楊行密將李宥又攻拔蘇州，[199] 沈粲歸杭州，鏐欲以殺杜孺休之事歸罪沈粲，粲奔歸孫儒。[200] 九月，孫儒又回軍取常州，[201] 十二月，再取蘇州、潤州。[202] 錢鏐、楊行密、孫儒三人為了爭奪常、潤、蘇三州，而兵連禍結不止。大順二年（八九一）十二月，孫儒焚掠蘇、常，引兵逼宣州，鏐復遣兵據蘇州，自是蘇州遂為錢氏所有。孫儒屢破楊行密之兵，旌旗輜重亙百餘里，行密求助於錢鏐，鏐以兵食助之。[203] 鏐肯助行密，主要是懼怕孫儒攻杭。[204] 孫儒的蔡州兵本就強於楊、錢，只是缺糧。景福元年（八九二）二月，楊行密又從孫儒手中奪回常州、潤州。[205] 自是潤、常二州遂為楊氏所據，錢鏐乘周寶之死，一舉攻佔潤、常、蘇三州，現僅得蘇一州，當然深憾楊，此為錢、楊之爭端，錢氏數攻常州，便是此原因，失去常州是錢鏐深切之痛。景福元年（八九二）六月，楊行密終於斬殺孫儒，楊能戰勝頗得力於錢之助，因儒食盡而士卒大疫，但錢鏐卻在同時以兵食益行密。及儒敗，楊歸沈粲於鏐戮之。[206] 因孫儒之亂，楊、錢都升了官，楊行密於八月得到了淮

南節度使位置，[207] 錢鏐則先於四月，勅升杭州為武勝軍，鏐被任防禦使，[208] 到了次年景福二年（八九三）五月，鏐才升蘇杭觀察使，[209] 九月，鏐正式被任為鎮海節度使，並領潤州刺史。[210] 唐本置鎮海軍治於潤州，五月，朝命以李鋋為節度使，但楊行密已遣安仁義據潤州，李鋋根本無法赴任，是以改任命錢鏐於杭州，到了光化元年（八九八），鏐乾脆就請徙鎮海軍於杭州。[211]

錢鏐一場辛苦，雖獲得了周寶歿後鎮海節度使的位子，但實際地盤，只得到了蘇州一州，而失去了潤、常二大州，不但開始與淮南楊氏結仇，並且亦深受刺激。除極力鞏固杭州周邊地域的防禦力外，並於景福二年（八九三），七月，發民夫二十萬及十三都軍士築杭州羅城，由夾城向外再擴為周七十里。[212]宋代的杭州羅城，就是錢鏐時所留下來的。羅隱有一篇〈杭州羅城記〉誌其事。[213] 杭州為三面受敵之地，此次新修城郭，鞏固防務，對於錢鏐後來的發展，有很重要的影響。

九、討伐董昌

董昌原為錢鏐之長官，但其人智慧愚劣，自移鎮浙東威勝節度使後，政治苛虐，常賦之外，加斂數倍，以充供獻及中外饋遺，每旬發一綱金萬兩，銀五千鋌，越綾五千匹，他物稱是，用卒五百人，或遇雨雪風水違程，則皆死。貢奉為天下最，由是朝廷以為忠，寵命相繼，官至司徒，同平章事，爵隴西郡王。[214] 關於董昌的笑話及自大狂很多，例如：

1. 昌建生祠於越州，制度悉如禹廟，命民間禱賽者，無得之禹廟，皆之生祠。[215]

2. 昌素愚，不能決事，臨民訟，以骰子擲之，而勝者為直。[216]

3. 始立生祠，刳香木為軀，內金玉紈素為肺府，冕而坐，妻媵侍別帳，百倡鼓吹於前，屬兵列護門阤。屬州為土馬獻祠下，列牲牢祈請，或紿言土馬若嘶且汗，皆受賞，昌自言：「有饗者，我必醉。」[217]

4. 蝗集祠旁，使人捕沈鏡湖，告曰：「不為災。」客有言：「嘗遊吳隱之祠，止一偶人。」昌聞，怒曰：「我非吳隱之比！」支解客祠前。[218]

5. 有五千餘姓當族，昌曰：「能孝於我，貸爾死。」皆曰：「諾。」昌厚養之，號「感恩都」，刻其臂為誓，親族至號泣相別者。[219]

　　昌自以為功高，乃求為越王，朝廷未之許，昌不悅曰：「朝廷欲負我矣！我累年貢獻無算，而惜越王邪！」有諂之者曰：「王為越王，曷若為越帝。」於是民間訛言時世變，競相帥填門喧譟，請昌為帝。昌大喜，遣人謝之曰：「天時未至，時至我自為之。」其僚佐吳瑤、都虞候李暢之等皆勸成之，吏民獻謠讖符瑞者不可勝紀，其始賞之以錢數百緡，既而獻者日多，稍減至五百、三百而已。昌曰：「讖云：『兔子上金床』，此謂我也。我生太歲在卯，明年復在卯，二月卯日卯時，吾稱帝之秋也。」[220]

　　乾寧二年（八九五），董昌將稱帝，集將佐議之。節度副使黃碣曰：「今唐室雖微，天人未厭。齊桓、晉文皆翼戴周室已成霸業。大王興於畎畝（昌爵隴西郡王，故稱之），受朝廷厚

恩，位至將相，富貴極矣，奈何一旦忽為族滅之計乎！碩寧死為忠臣，不生為叛逆！」昌怒，以為惑眾，斬之，投其首於廁中，罵之曰：「奴賊負我！好聖明時三公不能待，而先求死也！」並殺其家八十口，同坎瘞之。又問會稽令吳鐐，對曰：「大王不為真諸侯以傳子孫，乃欲假天子以取滅亡邪！」昌亦族誅之，又謂山陰令張遜曰：「汝有能政，吾深知之，俟吾為帝，命汝知御史臺。」遜曰：「大王起石鏡鎮，建節浙東，榮貴近二十年，何苦效李錡、劉闢之所為乎！（憲宗朝事）浙東僻處海隅，巡屬雖有六州，大王若稱帝，彼必不從，徒守空城，為天下笑耳。」張遜是以實際的形勢來向昌解說，當時台、明、溫、處、婺、衢六州雖為浙東巡屬，但豪傑並起，各自為刺史，昌羈縻而已。昌只是空有七州地盤，割據一方的實力尚嫌不足，遑論稱帝？任何有頭腦的人，均不會如此做。如果董昌不叛，錢鏐並無機會，鏐守杭州，浙西足為浙東之屏藩，對昌有利。但昌利令智昏，又殺遜，且謂人曰：「無此三人者，則人莫我違矣！」[221]

乾寧二年（八九五）二月，昌被袞冕登子城門樓，即皇帝位。悉陳瑞物於廷以示眾。所謂瑞物即「細民所上銅鉛石印十牀及它鳥獸龜蛇」，[222]昌統指為「天瑞」。先是有客倪德儒曰：「咸通末，越中秘記言：『有羅平鳥，主越禍福。』中和時，鳥見吳、越，四目而三足，其鳴曰『羅平天冊』，民祀以攘難。今大王署名，文與鳥類。」即圖以示昌，昌大喜。[223]於是國號大越羅平，改元順天，署城樓曰天冊之樓，令群下謂己為「聖人」。任命前杭州刺史李邈、前婺州刺史蔣瓌、兩浙鹽鐵副使杜郢、前屯田郎中李瑜為相。又以吳瑤

等皆為翰林學士、李暢之等皆為大將軍。[224] 不過，董昌還有許多怪異的行為，譬如《新唐書》記載：[225]

「其下制詔，皆自署名，或曰帝王無押詔，昌曰：『不親署，何由知我為天子？』」

「拜置百官，監軍與官屬皆西北嚮慟哭，乃北面臣昌。或請署近侍，昌曰：『吾假處此位，安得如宮禁？』不許。下書屬州曰：『以某日權即位，然昌荷天子恩，死不敢負國。』」

又《會稽錄》載：

「昌僭……官屬將校皆呼聖人萬歲，俯而言曰云云，詞畢復欲舞蹈，昌連聲止之，卿道得許多言語，壓得朕頭疼也。時人聞者皆大笑之，上人所製天冠稍重，故有是言。」[226]

唐末浙東地域，頗受「洞獠」少數民族之影響，劉漢宏固曾倚之為割據資本。而羅平鳥之傳說，亦流傳已久，咸通元年（八六○），裘甫在浙東叛，亦嘗改元羅平。[227] 董昌稱帝，或曾受這種地域勢力的影響，昌自言：「越人勸我作天子。」[228] 不過，昌為何接受這種觀念，實在還是令人費解，只有用楊行密所稱的：「類得心疾」這一類話來解釋了。

董昌即位後，移書錢鏐，告以權即羅平國位，以鏐為兩浙都指揮使。這是錢鏐的機會來了，不過鏐卻先向眾人宣布：

「董氏昔吾鄉黨也，今吾鄰藩也；其豐功茂績崇階厚祿，又吾所以贊成也。今採聽妖妄，遂圖僭亂，吾以授朝廷，將相當徵兵以討之，然以惡迹方熾，庶或能改，吾先馳書以勉之，

救其覆族之禍。」[229]

然後遺書董昌諫勸曰：

「與其閉門作天子，與九族、百姓俱陷塗炭，豈若開門作
節度使，終身富貴邪！及今悛悔，尚可及也。」[230]

昌不聽，鏐乃將兵三萬詣越州城下，至迎恩門見昌，再拜
言曰：「大王位兼將相，奈何捨安就危！鏐將兵此來，以俟大
王改過耳。縱大王不自惜，鄉里士民何罪？隨大王族滅乎！」
昌懼，致犒錢二百萬，[231] 執首謀者吳瑤及巫覡數人送於鏐，且
請待罪天子，鏐引兵還，以狀聞。[232] 朝廷亦以董昌有貢輸之勤，
今日所為類得心疾，詔釋其罪，縱歸田里。[233] 本來事情已經過
去了，但錢鏐忽然心血來潮，覺得這個舊主人活著，對他的事
業，不會有任何的幫助，此為進佔浙東的良機，而機不可失。
事實上，楊行密佔領潤、常二州之後，地盤鞏固，錢鏐在浙西
方面已很難再有所發展了。乾寧二年（八九五）四月，錢鏐表
昌僭逆，不可赦，請以本道兵討之。[234] 但楊行密遣使詣錢鏐，
言董昌已改過，宜釋之，亦遣使詣昌，使趣朝貢。楊之意在欲
存董昌以制錢鏐之後，使不得與己爭衡。[235] 五月，詔削董昌官
爵，委錢鏐討之。[236] 六月，以錢鏐為浙東招討使，鏐復發兵擊
董昌。[237] 這一次杭、越之戰，基本的形勢，與前次錢鏐攻劉漢
宏時差不多，稍異者為鏐已不再完全依賴土團式的八都兵，而
編練直屬節度使的中央軍。當時刺史的任命雖仍歸朝廷，但實
際掌握州內統轄權者，卻是控軍事權的制置指揮使，錢鏐獲得
浙西一部分州制置使的任命權，是說明已成功地建立了藩鎮體
制，為表示對其同僚之優越地位，必須要建立直屬的親軍。[238]

最先吸入中央軍的是「武勇都」，《資治通鑑》，天復二年八月條：

> 「初，孫儒死，其士卒多奔浙西，錢鏐愛其驍悍，以為中軍，號武勇都。」[239]

所以武勇都是由強悍的蔡州兵所組成，[240] 再輔以一批年輕的新將領，故杭、越強弱之勢立分。乾寧二年（八九五）九月，董昌求救於楊行密，行密遣泗州防禦使臺濛攻蘇州以救之，且表昌引咎，願脩職貢，請復官爵。又遺錢鏐書稱：「昌狂疾自立，已畏兵諫，執送同惡，不當復伐之。」[241] 十月，楊行密遣寧國節度使田頵、潤州團練使安仁義攻杭州鎮戍以救董昌，昌使湖州將徐淑會淮南將魏約共圍嘉興。錢鏐遣武勇都指揮使顧全武救嘉興；破烏墩、光福二寨。淮南將柯厚破蘇州水柵。[242] 乾寧三年（八九六）正月，安仁義以舟師自潤州至湖州，欲入柳浦而渡西陵，以應董昌，時偏將孟寶、蔣瑤率兵守西陵，錢鏐遣顧全武及武勇都知兵馬使許再思增兵屯援西陵，仁義不能渡。[243] 昌遣徐珣等據蕭清、四朴九鄉之地，被顧全武、王球擊降；昌又遣其將湯舊守石城，袁邠守餘姚。[244] 二月，顧全武、許再思敗湯舊於石城；這時朝廷因楊行密之請，特赦董昌，復其官爵，但錢鏐不從。[245] 三月，顧全武等攻餘姚，明州刺史黃晟遣兵助之，董昌遣其將徐章救餘姚，全武擊擒之。[246] 徐珣、湯舊、袁邠皆庸人，不知兵，故遇全武輒敗。[247] 但錢鏐是兩面作戰，情形非常艱苦。四月，淮南兵與鎮海兵戰於皇蕩，鎮海兵不利，楊行密遂圍蘇州，錢鏐求援於朱全忠（溫），全忠遣許州刺史朱友恭將兵萬人渡淮，但只是虛張聲勢而已。[248] 先是，董昌使人覘錢鏐兵，有言其強盛者輒怒，斬之，言兵疲食盡，則

賞之，這樣不知己知彼，僅是在自欺欺人而已。還有董昌姪董真善帶兵，但被昌忌殺，更是自壞長城。[249]於是，袁邠以餘姚降於鏐，顧全武、許再思進兵至越州城下。昌親身閱兵五雲門，出金帛傾鏐眾，但全武等益奮，攻城愈急。昌出戰又敗，嬰城自守，全武等圍之，昌始懼曰：「越人勸我作天子，固無益，今復為節度使。」乃去帝號，復稱節度使。[250]

越州雖被圍，但錢鏐與淮南之間的戰事則不利，也就在圍越同時，臺濛攻陷蘇州。蘇州常熟鎮使陸郢以州城應楊行密，虜刺史成及。行密閱及家所蓄，惟圖書、藥物，賢之，歸，署行軍司馬；及拜且泣曰：「及百口在錢公所，失蘇州不能死，敢求富貴？願以一身易百口之死！」引佩刀欲自刺。行密遽執其手，止之，館於府舍。其室中亦有兵仗，行密每單衣詣之，與之共飲膳，無所疑。錢鏐聞蘇州陷，急召顧全武，使趨西陵備行密，即恐其得蘇而乘勝攻杭，又恐其自海道趨西陵。全武曰：「越州賊之根本，奈何垂克棄之，請先取越州，後復蘇州。」鏐從之。[251]乃急攻越州，先克其外郭，董昌猶據牙城拒之。鏐遣昌故將駱團紿昌云：「奉詔，令大王致仕歸臨安。」昌乃送牌印，出居清道坊。全武遣武勇都監使吳璋以舟載昌如杭州，至小江（西江或錢清江）南，斬之。《新唐書》董昌傳也記：「全武執昌還，及西江，斬之，投尸於江，傳首京師，夷其族。」但《新五代史》錢鏐傳則記：「全武執昌歸杭，行至西小江，昌顧左右曰：『吾與錢公俱起鄉里，吾嘗為大將，今何面復見之乎！』左右相對泣下，因嗔目大呼，投水死。」兩者說法雖有出入，錢鏐決不能再容董昌活下去，則應是事實。昌家屬三百餘人，宰相李邈、蔣璟以下百餘人，並解往杭州。[252]昌在圍城中，貪吝日甚，口

率民間錢帛（計口而率之），減戰士糧。及城破，庫有雜貨五百間，倉有糧三百萬斛，金幣五百餘帑。錢鏐傳昌首於京師，散金帛以賞將士，開倉以振（賑）貧乏。[253] 董昌被滅，使錢鏐統一了兩浙，才奠定了吳越國割據的基礎，如無浙東地盤，單憑半個浙西，錢鏐是支撐不下去的。朝廷原思以宰相王搏充威勝節度使，代鎮浙東。[254] 但錢鏐令兩浙吏民上表，請以鏐兼領浙東，朝廷不得已，乃以鏐為鎮海、威勝兩軍節度使，十月，並更名威勝軍為鎮東軍。[255] 錢鏐除任兩軍節度使外，朝廷並加官鏐兼中書令。[256]

十、與楊行密爭戰

錢鏐恨楊行密侵奪潤、常二州，而楊行密則恨錢鏐不給他面子，竟然打垮了董昌。從此兩方結下了深仇，致兵連禍結，從唐昭宗乾寧二年（八九五），一直打到五代後梁末帝貞明五年（九一九），其間或有戰與和，但雙方糾纏了二十多年，這時楊行密早已死去，真是禍遺子孫。以當時的情勢而言，是楊強錢弱，所以「楊行密連歲典戎，攻蘇、湖、潤等州，欲兼并兩浙。」[257] 但錢鏐卻得到朱溫的支持，是以楊「累為鏐所敗，亦為行密侵盜數州，而鏐所部止一十三州而已。」[258] 朝廷所授兩軍節度使是虛的，所佔地盤才是實的，錢不斷地與楊爭戰，在爭戰的過程中，奮力不懈，才能逐漸地鞏固了兩浙一十三州的地盤。

董昌敗亡後，錢、楊之間的戰爭，仍在繼續進行著。乾寧三年（八九六）十一月，淮南將安仁義攻婺州，刺史王壇堅壁

自固。[259]乾寧四年（八九七）一月，錢鏐使行軍司馬杜稜救婺州，安仁義移兵攻睦州，不克而還。[260]四月，錢鏐遣顧全武等將兵三千自海道救嘉興，所部包括了武勝軍都指揮使沈夏及陳章、高遇、許再思等將，皆為錢鏐軍中精銳，全武兼程進軍，至城下，內外夾擊淮南兵，大破之，連破淮南十八營，虜淮南將士魏約等三千人，時淮南將田頵屯驛亭埭，兩浙兵乘勝逐之，頵取道湖州奔還宣州，兩浙兵追敗之，頵眾死者千餘人。[261]因為有了這一場勝仗，六月，錢鏐至越州，受鎮東節鉞。[262]七月，鏐還杭州，遣顧全武取蘇州，先拔松江（在蘇州南四十里，淮南立寨以守之）、無錫（在常州東九十一里）、常熟、華亭等縣。[263]九月，湖州刺史李彥徽欲以州附楊行密，其眾不從，彥徽奔廣陵，都指揮使沈攸以州歸錢鏐。[264]李氏據湖州傳了兩代，彥徽之父師悅，初為徐州馬步院之小吏，後從王仙芝作亂，遂投行伍，以遣獻黃巢首級有功，授湖州，師悅能書，長於斷讞，州有十五都頭，其下俱數千人，師悅撫之，盡得其所，遂不受朝廷代，置舟楫、樹倉廩，以圖割據。[265]師悅親董昌，在錢、董爭戰時，不獨以兵食濟助董昌，且助淮南軍。[266]師悅卒後，楊行密表其子彥徽知湖州事。[267]彥徽所以失敗，在於當地的人心不附，《吳越備史》載：

「初，繼徽（彥徽）將納淮人也，沈攸以逆順之理，諭之其眾，因誓曰：『附李氏者居西，附沈氏者居東。』而居東者十得其九，繼徽于是惶惑而遁也。」[268]

湖州位於杭州之前，可作屏藩，對錢鏐很重要，如落到楊手中，則就會對錢很不利。錢鏐親巡湖州，並命海昌鎮將高彥為湖州制置使。[269]時楊行密正準備與北方朱溫大戰，故無暇助

李彥徽。[270] 錢鏐並乘此時取得台州，台州刺史杜雄死於十一月，隨後錢鏐命越州指揮使駱團為台州制置使。[271]

光化元年（八九八），錢鏐開始規復蘇州行動，正月，兩浙聯合江西、武昌、淄青各遣使謁闕，請求以朱溫為都統，討楊行密，朝廷不許。[272] 但二月，錢鏐請徙鎮海軍治於杭州，則從之。[273] 三月，淮南將周本救蘇州，被顧全武擊破，但淮南將秦裴以兵三千拔蘇州屬縣崑山而戍之。[274] 九月，顧全武全力攻蘇州，城中及援兵食皆盡，淮南所署蘇州刺史臺濛棄城走，援兵亦遁，全武克蘇州，追敗周本等於望亭，獨秦裴守崑山不下，全武帥萬餘人攻之，裴屢出戰，使病者被甲執矛，壯者彀弓弩，全武因見其弓弩之力及遠，故每為之卻。全武檄裴令降，裴封函納款，全武喜，召諸將發函，乃佛經一卷，全武大憨，因其嘗為僧，曰：「裴不憂死，何暇戲予！」益兵攻城，引水灌之，城壞，食盡，裴乃降。錢鏐設千人饌以待之，及出，羸兵不滿百人，鏐怒曰：「單獨如此，何敢久為旅拒（怙眾而拒悍！）」對曰：「裴義不負楊公，今力屈而降耳，非心降也。」鏐善其言，全武亦勸鏐宥之，鏐從之，時人稱全武長者，全武甚識而度，故能佐錢鏐保據一方。[275] 閏十月，錢鏐以嘉興都將曹圭為蘇州制置使，並遣王球取婺州。[276] 婺州刺史王壇早在九月時即有叛意。[277] 十一月，衢州刺史陳岌又請降於楊行密，錢鏐使顧全武討之。[278] 王壇本孫儒將，陳岌兄儒亦本屬黃巢之黨，均出身北方。[279] 十二月，楊行密遣成及歸兩浙，以易魏約等，楊錢爭蘇州，臺濛、周本、秦裴皆淮南名將，為浙人所困，終不能守，楊知錢未易可輕，故歸成及以易魏約，意在講解，錢鏐許之速，因自知不如楊行密強。[280] 講和之後一個月，楊行密北進攻徐州，與朱溫大戰。[281]

　　光化二年（八九九）三月，婺州刺史王壇為兩浙所圍，求救於宣歙觀察使田頵，四月，頵遣行營都指揮使康儒等救之。[282]五月，康儒等敗兩浙兵於龍丘，擒其將王球，並乘勢取婺州。[283]光化三年（九〇〇）正月，宣州將康儒又轉攻睦州，錢鏐使其從弟錢銶拒之。[284]八月，因宣州軍深入，糧道被絕，康儒食盡，乃由清溪遁歸。[285]九月，王壇奔宣州，錢鏐親巡婺州，命浙西營田副使沈夏權婺州刺史，並誅州屬東陽鎮將王永。[286]同月，衢州陳岌也降，鏐宥岌為浙東安撫副使，並以顧全武權衢州事。[287]天復元年（九〇一）的上半年，是錢鏐躊躇滿志之時，因兩浙地盤大致穩定下來，所以，二月，錢親巡故鄉衣錦營，大會故老賓客，山林樹木皆覆以錦幄，表衣錦榮歸之意；[288]五月，朝廷又加守侍中官銜在他這個鎮海、鎮東節度使之上。[289]但好景不常，到了八月，情勢突然轉變，楊行密誤聞錢鏐為盜所殺，而遣步軍都指揮使李神福等將兵攻杭州，顧全武列兵八寨以拒之。[290]十月，李神福與顧全武相拒久之，神福獲杭俘，使出入臥內，神福謂諸將曰：「杭兵尚強，我師且當夜還。」杭俘走告全武，神福命勿追，暮遣羸兵先行，神福為殿，使行營都尉呂師造伏兵青山下，全武素輕神福，出兵追之，神福、師造夾擊，大破之，斬首五千級，生擒全武。錢鏐聞之，驚泣曰：「喪我良將！」神福進攻臨安縣，兩浙將秦昶帥眾三千降之。[291]當此之時，錢鏐的處境非常危急。一直到十二月，臨安城堅，久攻不拔，李神福知錢鏐定不死，欲歸，恐為鏐所邀，因自臨安退還宣州，有千秋嶺之險。乃遣人守衛鏐祖考丘壟，禁樵采，又使顧全武通家信，鏐遣使謝之，神福於要路多張旗幟為虛寨，鏐以為淮南兵大至，遂請和，神福受其犒餉而還。[292]天復二年（九〇二）四月，雙方再度講和，楊行密遣顧全武歸杭州以易秦裴，

錢鏐大喜，遣裴還。[293] 先是，錢鏐以鎮海、鎮東節度使受朝廷封為彭城王，五月，乃自郡王進爵國王，被封為越王。[294]

十一、武勇都軍之叛亂

武勇都軍之叛亂，是錢鏐事業上的最大一次危機。初孫儒死，其士卒多奔浙西，錢鏐愛其驍悍，以為中軍，號武勇都，行軍司馬杜稜諫曰：「狼子野心，他日必為深患，請以土人（浙西人）代之。」不從。[295] 不過，錢鏐能打垮董昌，進而與淮南楊行密爭奪地盤，確是依賴了強悍的武勇都軍。由於武勇都是節度使的親軍，故其裝備好，戰鬥力最強，《舊五代史》錢鏐傳中記謂：「鏐既兼兩鎮，精兵三萬」，當指親軍而言，因兩浙如動員州兵，應可徵發二十萬以上，[296] 劉漢宏據越州時，幾次動員，皆在十萬左右。[297] 不過，兵貴精不貴多，錢鏐是深明此點道理，且養兵不易。景福二年（八九三）九月，錢鏐受命為鎮海節度使，武勇都之成立，應在此時前後，按習慣應分左、右二軍，但一直到光化二年（八九九），始出現武勇右都指揮使徐綰；[298] 在景福二年（八九三）開始時的武勇都指揮使顧全武、武勇都知兵馬使許再思、武勇都監使吳璋；[299] 是否為左軍？抑就是武勇都軍？甚難確定，因吳越後為避忠獻王錢弘佐之諱，凡官名左者皆改易。[300] 顧全武為浙江杭州餘姚人，一直跟隨錢鏐為裨將，故以之統領武勇都軍，[301] 徐綰原為孫儒部將，[302] 許再思似亦為孫儒部將，[303] 至於吳璋則不屬孫儒，[304] 且列於左軍。[305] 天復元年（九〇一）十月，顧全武兵敗被俘時，左軍的指揮權可能移到了許再思，以武勇都軍而言，無論其實力及重要性，均是以左軍為主。武勇都軍叛變的原因，據記載

是天復二年（九〇二）七月，錢鏐至衣錦軍，命武勇右都指揮使徐綰帥眾治溝洫，鎮海節度副使成及聞士卒怨言，慮有變，白鏐請罷役，鏐不聽，致亂作。[306]錢鏐性嚴急，每有所檢發，必亟加斬決。[307]而武勇都軍歷經戰役，死傷頗重，又功高不賞，亦為原因。徐綰原計劃於鏐臨饗諸將時，謀殺鏐於座，不果，乃稱疾先出，鏐怪之，命綰將所部兵先還杭州，及外城，縱兵焚掠。武勇左都指揮使（上武勇都指揮使）許再思，以迎候兵與之合，迎候兵者，許再思以錢鏐將還，領兵迎候。乃進逼牙城，鏐子傳瑛與三城都指揮使馬綽、牙將陳為等閉門拒之，牙將潘長擊綰，綰退屯龍興寺。時城中有錦工二百餘人，皆為潤人，瑛慮其為變，乃命曰：「王令百工，悉免今日工作。」悉放出城。[308]鏐還，及龍泉，聞變，疾驅至城北，使成及建鏐旗鼓與綰戰，鏐微服乘小舟夜抵牙城東北隅，踰城而入，直更卒憑鼓夜寐，鏐親斬之，城中始知鏐至。防務如此鬆懈，幸徐綰未急攻城。武安都指揮使杜建徽（杜稜子）自新城入援，徐綰聚木將焚北門，悉遭建徽先焚之。湖州刺史高彥聞難，遣其子渭將兵入援，至靈隱山，遭綰伏兵擊殺。[309]

錢鏐雖兼兩鎮，爵封越王，但基礎尚未十分穩固，外州並不完全聽命，倘杭州一失，其事業有完全瓦解之虞。節度使中軍原以武勇都為最強，故八月變起，至九月尚不能解圍。事實上，這一種危機，早已有人凥知，如杜稜、成及均有先言，還有羅隱亦有前喻，鏐初築杭州羅城時，曾謂僚佐曰：「百步一敵樓，足以言金湯之固。」[310]掌書記羅隱曰：「敵樓不若內向。」至是人以隱言為驗。樓外向，所以禦敵，今徐綰據州羅城，而錢鏐自外攻之，故人以羅隱不若內向之言為驗。[311]在圍城時，

有人曾勸錢鏐渡江東保越州，以避徐、許之難，杜建徽按劍叱
之曰：「事或不濟，同死於此，豈可復東渡手！」這是非常正
確的一着，以當時的情勢而論，單憑浙東，無法自保，劉漢宏
與董昌據浙東而失敗，就是很好的例子，且杭州為錢鏐之根本，
根本若失，大事即去，周寶失潤州，劉漢宏失越州，雖均能暫
時出亡，但事業都失敗了。後來錢鏐建吳越國，就常謂能芟竊
一方，為建徽之力。[312] 鏐又恐徐綰等據越州，遣大將顧全武將
兵戍之，全武曰：「越州不足往，不若之廣陵。」鏐曰：「何
故？」對曰：「聞綰等謀召田頵，田頵至，淮南助之，不可敵
也。」建徽更曰：「孫儒之難，王嘗有德於楊公，今往告之，
宜有以相報。」鏐命全武告急於楊行密，全武曰：「徒往無益，
請得王子為質。」鏐命其子傳璙為全武僕，與偕之廣陵，且求
婚於行密。過潤州，團練使安仁義愛傳璙清麗，將以十僕易
之，全武夜半略闇者逃去。綰等果召田頵，頵引兵赴之，先遣
親吏何饒謂鏐曰：「請大王東如越州，空府廨以相待，無為殺
士卒！」鏐報曰：「軍中叛亂，何方無之，公為節帥，乃助賊
為逆，戰則亟戰，又何大言！」頵築壘絕往來之道，鏐患之，
募能奪其地者賞以州，衢州制置使陳璋將卒三百出城奮擊，遂
奪其地，鏐即以為衢州刺史，璋原亦為孫儒部將。[313] 顧全武至
廣陵，說楊行密曰：「使田頵得志，必為王患，王召頵還，錢
王請以子傳璙為質，且求婚。」行密許之，以女妻傳璙。[314] 田
頵急攻杭州，但城堅不拔，錢鏐善射，親至城上，注弩射倒頵
軍執旗者，故杭州守軍氣尚盛。十一月，頵仍具舟將自西陵渡
江，但被鏐遣將盛造、朱郁擊破。[315] 十二月，楊行密使人召田
頵曰：「爾不還師，我當以宣城授他人矣！」此證明顧全武之

計謀有效。顥將還，徵犒軍錢二十萬緡於錢鏐，[316]且求鏐子為質，將妻以女。鏐謂諸子曰：「孰能為田氏婿者？」莫對，鏐欲遣幼子傳球，傳球不可，鏐怒，將殺之，次子傳瓘請行，吳夫人泣曰：「奈何置兒虎口！」傳瓘曰：「紓國家之難，安敢愛身！」再拜而出。鏐泣送之。當此之時，錢鏐置後之意，固已屬於傳瓘矣！傳瓘從數人縋北門而下，顥與徐綰、許再思同歸宣州，鏐奪傳球內牙兵印，怒其不肯出質。[317]徐綰後來並無好下場，天復三年（九〇三），田顥叛楊行密，兵敗而亡，楊捉獲徐綰之後，以檻車載之遣送錢鏐，鏐剖其心，以祭高渭。[318]許再思則下落不明。[319]這一次武勇都軍叛變，一度對錢鏐造成了極大的危機，最後還是楊行密救了錢鏐，行密肯救鏐，是憚田顥猛鷙驍果，行密意顥若得志杭越，為患必深，不若存鏐，別圖進取。[320]

十二、衢、婺、睦三州之爭奪

錢鏐兼鎮兩浙，名義上的巡屬州，鎮海治下有杭、蘇、湖、睦等四州；[321]鎮東治下則有越、婺、衢、明、台、溫、處七州。以當時的情勢而言，豪傑各自為刺史，很多都是羈縻州。在浙西方面，杭州是錢鏐自鎮；湖州一直為李師悅、彥徽父子所據，到了乾寧四年（八九七）九月，李彥徽被逐，錢鏐命海昌鎮將高彥為湖州制置使，湖州才算是入了錢鏐之掌握；[322]錢於龍紀元年（八八九），自徐約手中奪取蘇州後，曾數度易主，錢這方雖任過沈粲、杜孺休、成及三個刺史，但一直到了光化元年（八九八）九月，顧全武再克蘇州，十月，鏐命嘉興都將曹圭為

刺史後，蘇州才算被穩固住；[323] 至於睦州，八都將之一的陳晟，早於中和四年（八八四）即據睦州，晟在任十八年而卒。光化三年（九○○），宣州將康儒攻睦州，錢鏐曾使其從弟錢銶將兵救睦州，足證睦州確是錢的巡屬州。陳晟與杜稜兩家還有婚姻關係，[324] 晟卒後，由其子紹權繼任，但為晟弟詢所黜。[325] 詢態度一直曖昧。在浙東方面，則情形更為複雜，董昌敗亡後，鏐取越州；但台州迄為杜雄所據，杜倒是台州人，草寇出身，後降劉漢宏，署以台州刺史，隨又以執漢宏歸越有功，董昌奏為德化軍使，杜任刺史至乾寧四年（八九七）十一月而卒，次年正月，鏐以越州指揮使駱團為台州制置使，始真正控制台州；[326] 婺州則自中和四年（八八四）起，為蔣瓌所據，刺史黃碣為閩人，原由劉漢宏所任命，為婺州人王鎮所執，降於錢鏐，但劉漢宏旋即遣將婁賓殺鎮而代之，浦陽鎮將蔣瓌又召鏐兵共攻婺州，擒賓而還。[327] 景福二年（八九二），蔣瓌又被孫儒將王壇所逐，蔣瓌附董昌，故錢不以王壇為非，乾寧三年（八九六）十一月，安仁義攻婺州時，錢鏐曾於次年正月遣兵救婺州。[328] 雙方發生爭執可能是為了東陽縣，[329] 光化元年（八九八）十月，王壇抗命叛變，錢鏐遣將王球攻婺州。[330] 壇求救於田頵，田亦有意奪婺州，三方面爭戰，到了光化三年（九○○）九月，王壇失敗奔宣州，婺州還是被錢鏐取得，鏐親巡婺州，並任命浙西營田副使沈夏為婺州刺史。[331] 衢州則自光啓三年（八八七），為黃巢餘黨陳儒所據，史言儒治衢州頗有惠愛之政與士人之風。[332] 乾寧二年（八九五）十一月，儒卒，弟岌代之。[333] 光化元年（八九八）十一月，岌以州附淮南，惟婺州敗後，岌亦投降，鏐以顧全武為衢州刺史。[334] 顧全武之後，由陳璋繼為刺史，但

陳璋的忠誠度有問題。明州刺史黃晟，為明州人，由鎮將擢起，受董昌所命，但錢鏐伐昌，晟舉兵響應，晟對鏐最為忠順，在任十八年，晟尚禮崇儒，政風亦優。[335] 溫州刺史是為朱氏兄弟所據，中和元年（八八一），溫州永嘉賊朱褒陷溫州，[336] 初朱褒黨助劉漢宏，但漢宏敗後，褒以同姓結援於朱溫，故受錢鏐羈縻。[337] 處州刺史盧約，也於中和元年（八八一）據處州，[338] 受鏐羈縻。所以，在乾寧三年（八九六），鏐任鎮東節度使時，浙東七州，僅只有越、明二州，直接聽命。即使到了天復二年（九〇二）年底，武勇都軍的叛變危機過後，兩浙十一州中，仍有溫、處二州僅受羈縻，及衢、婺、睦三州不穩，溫、處二州尚是偏僻，但衢、婺、睦三州則鄰近淮南楊行密的地盤，故三州地位重要，而欲保衛兩浙，非切實掌握此三州不可。

天復三年（九〇三），由於田頵叛楊行密，曾使得錢、楊有過一度短暫地修好，其時蘇州已為鏐收復，而楊行密的大敵又是北方朱溫，暫無暇南顧，故這時錢鏐的主要威脅，是來自宣州的田頵。首先，錢鏐與衢州刺史陳璋不睦，原因有二：一是在天復二年（九〇二）十二月，田頵自浙退兵後，越州客軍（孫儒散卒）指揮使張洪，以徐綰之黨自疑，帥步兵三百奔衢州，陳璋納之；二是同月，溫州裨將丁章逐刺史朱敖，敖為原溫州刺史朱褒之兄，褒卒於天復二年（九〇二）五月，敖奔福州，丁章遂據溫州，田頵遣使招之，道出衢州，陳璋聽其往還，錢鏐由是恨璋。按從宣州至溫州，需經衢、處二州，時盧約據處州，亦兩浙巡屬，但鏐恨璋不恨約，以璋乃其部曲，而約猶是羈縻。[339]

在杭、衢不睦的同時，卻是睦州先出了問題，天復三年（九

〇三）七月，睦州刺史陳詢叛錢鏐。原因是詢黜姪紹權自立，懼非由鏐命，常不自安，徐、許之亂時，乃通田頵，頵退兵後益懼。及鏐割桐廬縣隸杭州，詢遂絕鏐而叛。[340] 舉兵攻婺州蘭溪縣，鏐遣指揮使方永珍擊之。[341] 八月，田頵與潤州團練使安仁義，同時舉兵反楊行密。行密求兵於錢鏐，鏐遣方永珍屯潤州，助攻安仁義；從弟錢鎰屯宣州，助攻田頵。又遣指揮使楊習代方永珍，繼續攻睦州陳詢。[342] 十一月，田頵敗亡，楊行密將臺濛克宣州，傳瓘復歸杭州。[343] 天祐元年（九〇四）三月，楊行密遣錢傳瓘及其婦并顧全武歸錢塘。[344] 楊遣歸鏐子這一行動，或有修好之意，不過雙方均志在拓土，故基本利益仍然是衝突的。四月，鎮海、鎮東節度使越王錢鏐求封吳越王，朝廷不許，朱溫為之言於執政，乃更封吳王。[345] 錢鏐欲在越王之上加個「吳」字，除了與楊行密有對立意思之外，便是念念不忘潤、常二州，朱溫是袒錢疾楊的。但錢之被封為吳王，便出現了兩個吳王，也等於是否定了天復二年（九〇二）三月所封吳王楊行密的封號。不過，錢鏐封吳王後的次年（九〇五）十一月，楊行密就死了，其子楊渥改封弘農郡王，[346] 其衝突的形勢，也就稍為和緩下來了。

前言錢鏐與陳璋不睦，鏐嘗命璋城衢州，工畢，以圖獻鏐，鏐視西門樟樹，謂左右曰：「此樹不入城，陳璋當非我所蓄。」[347] 天祐元年（九〇四）十二月，錢鏐使衢州羅城使葉讓殺刺史陳璋，因事泄失敗，璋斬讓而叛，降于楊行密。[348] 天祐二年（九〇五）元月，兩浙兵圍陳詢於睦州，楊行密遣西南招討使陶雅將兵救之，雅為良將，軍中夜驚，士卒多踰壘亡去，左右及裨將韓球奔告之，雅安臥不應，須臾自定，亡者皆還。錢鏐遣其從弟

鎰及指揮使顧全武、王球禦之，為雅所敗，虜鎰及球以歸。[349]已見兩浙兵不如淮南兵之強，全武敗歸，居數年而卒。[350]四月，陶雅又會衢、睦二州兵，共攻婺州，錢鏐使其弟鏢將兵救之。[351]八月，鏐續發兵遣方永珍救婺州。[352]九月，陶雅、陳璋終於攻拔婺州，執刺史沈夏以歸，夏尋遇害。沈夏為鏐屬下悍將，但性兇暴，以殺戮為事，小不如意，即加屠害，嘗得俘七千餘人，聚於臨平山下，擇幼弱者盡殺之，惟留三千餘人；又其長子有過，輒手刃之，故錢鏐亦不悅其所為，鏐雖兩次派兵援婺，並不急救夏。[353]吳任臣《十國春秋》曾評論沈夏云：

「吳越開國，諸將隸麾下者，多恂恂和雅，慕祭遵羊祜之遺風，沈夏獨恣睢嗜殺，戮及愛子，洵天資刻薄人也。」[354]

但沈夏盡忠錢鏐，以身殉城，也是事實。楊行密遂以陶雅為江南都招討使，歙、婺、衢、睦觀察使；以陳璋為衢、婺副招討使。[355]旋陳又自稱衢、婺二州刺史，復又興兵攻暨陽（越州諸暨縣，與婺州東陽縣接境），被兩浙將楊習大敗，習遂乘勝攻婺州。[356]錢鏐連連為楊行密所挫，相繼失掉衢、婺、睦三州，越州亦受威脅，故情勢十分危急。但十一月楊行密死亡，乃使情勢急轉直落，給錢鏐有了轉機。十二月，陳詢不支，無法守睦州，奔於廣陵，淮南招討使陶雅入據其城。[357]天祐三年（九○六）正月，淮南將宣州觀察使王茂章，因與楊渥不和，帥眾奔兩浙，陶雅畏茂章斷其歸路，引兵還歙州，錢鏐復取睦州，睦州自此屬錢氏，楊氏不能爭。鏐以茂章為節度副使，更名景仁。[358]王茂章歸降錢鏐，對兩浙是一件大事，錢鏐非常興奮，因茂章為淮南名將，且鎮大州，而以前多是兩浙將叛歸淮南，殊少淮南將叛投兩浙，故鏐立畀以鎮東節度副使，僅次於

鏐之高位。兩浙收回睦州後，錢鏐親自從三百一十五里外的杭州趕來睦州坐鎮。陳璋懼，復聞陶雅歸歟，乃自婺州退保衢州，兩浙將方永珍等取婺州，並進攻衢州。[359] 三月，命馬綽為睦州刺史。[360] 八月，方永珍與楊習合兵圍衢州，陳璋告急於淮南，楊渥遣左廂馬步都虞候周本將兵迎璋，本至衢州，浙人解圍，陳於城下，璋率眾歸于本，兩浙兵取衢州，淮南與浙人爭婺、睦、衢三州，至是復悉歸於錢氏。[361] 鏐以方永珍為衢州制置使。[362] 確保婺、睦、衢三州，對錢氏非常重要，因這是鞏固吳越疆域的重要據點，否則吳越即不能立國。錢、楊之爭，始終的形勢都是錢弱楊強，但婺、睦、衢三州之爭奪，為何勝利歸於兩浙呢？呂思勉在其《隋唐五代史》一書中，有一段合理的解釋：

「自天復以來，錢氏頗為淮南弱，終能鞏固兩浙者，以行密死後，渥不能用其眾，為之驅除難也。」[363]

楊行密的早死，確實影響了當時的局面，王夫之在其《讀通鑑論》亦論評：

「楊行密不死於朱溫淫昏之前，可與有為者。…… 故天祐以後，天下無君，必欲與之，淮南而已。然終弗能焉，故曰誠可歡也。」[364]

錢鏐始終掌握住形勢的變化，故能取得三州。

十三、溫、處、湖三州之鞏固

兩浙於奪得婺、睦、衢三州之後，箭頭立即轉向溫州，溫州原為朱褒、朱敖兄弟所據，褒死敖繼。田頵攻杭時，溫州裨將丁

章逐赦自立，並與田頵往還。天復三年（九〇三）四月，章又為木匠李彥所殺，裨將張惠據溫州。[365] 天祐二年（九〇五）八月，處州刺史盧約使其弟佶攻陷溫州，惠奔福州。[366] 梁太祖開平元年（九〇七）三月，錢鏐遣其子傳璙、傳瓘，討盧佶於溫州。[367] 佶聞傳璙等將至，將水軍拒之於青澳，錢傳瓘曰：「佶之精兵盡於此，不可與戰。」乃自安固捨舟，間道襲溫州，擒佶斬之。錢鏐以都監使吳璋為溫州制置使，命傳璙等移兵討盧約於處州。[368] 五月，盧約以處州降，鏐以指揮使俞浩為處州制置使。[369] 溫、處兩州在浙東僻遠地帶，故鏐拖到最後才予解決。

湖州在太湖邊，為杭州前哨，地位重要，故鏐任命親信高彥為刺史，「彥性淳厚，居十一載，政頗簡便」[370]，高彥死於天祐三年（九〇六）十一月，子高澧繼立。澧性暴虐，行為凶忍，嗣刺史位後，恣行殺戮，將吏候晨入衙，必與妻子訣別而入，每登署樓眺望，則州城東西水陸行人皆絕跡。又召鄉丁為衙軍，號儕要都，皆文其面，衣青衫白袴緋抹額，凡所指令必躬身仰首。又令州人皆黥面，約三日當畢，過限則誅，澧則以畫面而傅以乾粉。敗亡前，嘗召州吏議曰：「我欲盡殺百姓，可乎？」吏對曰：「如此，租賦何從出？當擇可殺者殺之耳。」時親紀二丁軍三千餘人，會有言其怨嗟者，澧悉集軍于開元寺，給云犒享，入則殺之，死者踰半，在外者覺之，因奔逸縱火為亂，澧聞盛怒，閉城大索，戮之無遺。錢鏐聞其如此胡鬧，大怒，欲舉兵誅之。開平三年（九〇九）十月，澧以州叛附淮南，焚義和、臨平鎮，鏐命其弟指揮使錢鏢討之。[371] 開平四年（九一〇）二月，澧求救於吳，吳常州刺史李簡等將兵應之，湖州將盛師友、沈行思閉城叛澧，澧逃奔淮南，後為淮人所殺。三月，

鏐親巡湖州，以地位重要，命鏢為刺史。[372]沈行思欲強求刺史，態度不遜，被鏐誅殺。[373]錢鏢喜酗酒殺人，恐鏐罪之，乾化元年（九一一）十月，鏢殺都監潘長、推官鍾安德，奔于吳。[374]鏢後則鏐十五子傳璟與七子傳瓘，先後均任過湖州刺史。[375]吳越兩浙十一州的版圖，大體在開平四年（九一○）以後，即已完全鞏固了，但錢鏐念念不忘潤、常二州失土，兼以吳亦有意奪蘇、湖二州，所以雙方的爭戰愈益激烈。

十四、錢鏐對朱溫稱帝之反應及終與吳言和

朱溫篡唐，楊行密的繼承人楊渥是採取對抗政策，曾移檄諸道，討伐朱溫。但錢鏐因需要梁的支持以抗吳，所以在考慮之後，乃奉事梁為正朔。也建立了「子孫善事中國，勿以易姓廢事大之禮」此一政策。[376]開平元年（九○七），鎮海節度判官羅隱曾勸說錢鏐舉兵討梁，曰：「縱無成功，猶可退保杭越，自為東帝，奈何交臂事賊，為終古之羞乎！」鏐始以隱為不遇於唐，必有怨心，及聞其言，雖不能用，心甚義之。[377]《吳越備史》亦記載：

「初梁室受禪，有勸王拒之，王笑曰：『古人有言，屈身於陛下，是其略也。吾豈失為孫仲謀邪！』遂受之。」[378]

王夫之在《讀通鑑論》中，對於兩人的心境，均有所論評，王先譽羅隱為唐亡之士，降志辱身，能自標舉於濁亂之世，不易得也。王謂：

「隱非欲帝鏐也，動鏐之可歆，冀雪昭、哀之怨，而正君

臣之義也。……偉哉其言乎！正名溫之為賊，不已賢於後世史官之以梁代唐，而名之曰帝、曰上乎？隱固詼諧之士，而危言正色，千古為昭，鏐雖不用，隱已申矣！」[379]

對錢鏐亦有評曰：

「羅隱之諫錢鏐，鏐雖不從，而益重隱，惟其為鏐也，鏐……猶可與言，言之無益，而……義自申，鏐……猶足以保疆土而貽子孫，夫亦視其心之仁尚有存焉者否耳。至不仁者，置之不論之科，尚懷疑畏，觸其怒張之氣，必至橫流戈矛，乘一旦之可施，死亡在眉睫而不恤。」[380]

朱溫對於錢鏐之報酬，除了在開平元年（九〇七）五月，改封錢鏐為吳越王外，[381] 八月，並以鏐為淮南節度使，欲以攻弘農王楊渥，故先授之楊氏所統之鎮。[382] 朱、錢的合作，是透過吳降將王景仁（茂章）的計劃，朱溫非常賞識王景仁，淮南援救王師範青州之役，景仁破梁兵，表現良好，朱溫曾說：「使吾得此人為將，天下不足平也！」溫聞景仁奔於錢鏐，乃遣人召之。[383] 天祐三年（九〇六）十二月，錢鏐表薦行軍司馬王景仁，詔以景仁領寧國節度使。[384] 開平二年（九〇八）八月，鏐遣景仁奉表詣大梁，陳取淮南之策。[385] 十月，朱溫從錢鏐之請，以亳州團練使寇彥卿為東南面行營都指揮使，擊淮南。十一月，彥卿帥眾二千襲霍丘，為土豪朱瑾所敗，又攻廬、壽二州，皆不勝，淮南遣滁州刺史史儼拒之，彥卿引歸。[386] 朱溫並未以全力攻淮南，同時淮南甚強，史儼為河東健將，汴兵所畏，故聞其至而退。而錢之所以請朱出兵，是思牽制淮南兵攻信州危仔倡，開平元年（九〇七），淮南兵攻信州，刺史危仔倡求救於吳

越。[387]二年（九〇八）元月，鏐曾遣兵攻淮南，以救信州。[388]開平三年（九〇九）四月，淮南兵反攻，圍蘇州，推洞屋攻城（洞屋，以木撐柱為之，冒以牛皮，其狀如洞），吳越將臨海孫琰置輪於竿首，垂絙投錐以揭之，攻者盡露，礮至則張網以拒之，淮南人不能克，吳越王鏐遣牙內指揮使錢鏢，行軍副使杜建徽等將兵救之，蘇州有水通城中，淮南張網綴鈴懸水中，魚鼈過皆知之。吳越遊奕都虞候司馬福欲潛行入城，故以竿觸網，敵聞鈴聲舉網，福因得過，凡居水中三日，乃得入城，由是城中號令與援兵相應，敵以為神。鏐嘗遊府園，見園卒陸仁章有智而記之於心，及蘇州被圍，使仁章通信入城，果得報而返，鏐以諸孫畜之，累遷兩府軍糧都監使，卒獲其用。故知鏐能識拔人才，其後，吳越兵內外合擊淮南兵，大破之，擒其將何朗等三十餘人，奪戰艦二百艘，淮南將周本夜遁，又追敗之於黃天蕩，淮南將鍾泰章將精兵二百為殿，多樹旗幟於菰蔣中，追兵不敢進而還。[389]不過，淮南雖敗於蘇州，但攻江西卻頗有進展，七月，連下袁、吉、饒、信、虔等州，其中信州刺史危仔倡兵敗奔吳越，錢鏐以危仔倡為淮南節度副使，更其姓曰元氏。[390]另虔州刺史盧光稠雖以州附于淮南，但光稠亦遣使附梁，[391]虔州為吳越由陸道北上必經之地。

乾化二年（九一二）六月，朱溫為逆子朱友珪所弒，友珪加封吳越王錢鏐尚父，以示攏絡。[392]三年（九一二）二月，友珪弟友貞再殺友珪。[393]三月，吳行營招討使李濤帥眾二萬出千秋嶺，攻吳越衣錦軍，吳越王鏐以其子湖州刺史傳瓘為北面應援都指揮使以救之，睦州刺史傳璙為招討收復都指揮使，將水軍攻吳常州東洲，以分其兵勢。[394]千秋嶺道險狹，錢傳瓘使人伐木以斷吳軍

之後而擊之，吳軍大敗，虜李濤及士卒三千餘人以歸。[395] 吳又遣宣州副指揮使花虔將兵會廣德鎮遏使渦信屯廣德，將復寇衣錦軍，吳越錢傳瓘就攻之，拔廣德，虜花虔、渦信以歸。[396] 九月，吳越王鏐遣其子傳瓘、傳璙及大同節度使傳瑛攻吳常州，營於潘葑。徐溫曰：「浙人輕而怯，」帥諸將倍道赴之，至無錫，黑雲都將陳祐言於溫曰：「彼謂吾遠來罷倦，未能決戰，請以所部乘其無備擊之。」乃自他道出敵後，溫以大軍當其前，夾攻之，吳越大敗，斬獲甚重。[397] 十一月，梁出援兵進攻吳，以寧國節度使王景仁為淮南西北行營招討應接使，將兵萬餘侵廬、壽。[398] 十二月，吳鎮海節度使徐溫、平盧節度使朱瑾帥諸將拒之，大破梁兵。[399]

梁末帝貞明二年（九一六）五月，吳越王錢鏐遣浙西安撫判官皮光業自建、汀、虔、郴、潭、岳、荊南道入貢，七月，末帝嘉鏐貢獻之勤，以其取道迴遠，數千里而至大梁，加鏐諸道兵馬元帥，當時朝議多言鏐之入貢利於市易，不宜過以名器假之，翰林學士竇夢徵執麻而泣，坐貶蓬萊尉。[400] 唯鏐至貞明四年（九一八）三月，始立元帥府，置官屬。[401] 同年，吳人攻虔州，時虔州守為譚全播，名義上屬吳，但暗通梁，吳人圖虔州已久。虔州險固。吳軍久攻不下，譚全播求救於吳越、閩、楚，鏐以統軍使錢傳球為西南面行營應援使，將兵二萬攻信州，信州兵纔數百，吳越兵圍其城，刺史周本，啟關張虛幕於門內，召僚佐登城樓作樂宴飲，飛矢雨集，安坐不動，吳越疑有伏兵，中夜，解圍去。吳以陳璋將兵侵蘇、湖，以牽制吳越救虔州之兵力，錢傳球自信州南屯汀州，以示將救虔州，傳球不是將材，故師老無功。[402] 十一月，吳人攻破虔州，對吳越的影響是，除了加大吳的威脅性外，鏐常自虔州北上入貢，至是道絕，始由

海道出登、萊抵大梁。[403]貞明五年（九一九）三月，梁、晉之
戰益劇，而吳支持晉，故詔吳越王鏐大舉討淮南，這是雙方談
和之前的最後一次大戰。鏐以節度副大使傳瓘為諸軍都指揮使，
帥戰艦五百艘，自常州東洲出海，復沂江而入以擊吳，吳遣舒
州刺史彭彥章及裨將陳汾拒之。[404]錢傳瓘與彭彥章遇，傳瓘命
每船皆載灰、豆及沙，戰于狼山江，吳船乘風而進，傳瓘引舟
避之，既過，自後隨之，吳回船與戰，傳瓘使順風揚灰，吳人
不能開目，及船舷相接，傳瓘使散沙於己船，而散豆於吳船，
豆為戰血所漬，吳人踐之皆僵仆，傳瓘因縱火焚吳船，吳兵大
敗，彥章戰甚力，兵盡，繼之以木，身被數十創，陳汾按兵不
救，彥章知不免，遂自殺，傳瓘俘吳裨將七十人，斬首千餘級。
吳人誅汾，籍沒家貲，以其半賜彥章家，稟其妻子終身。[405]六
月，吳人敗吳越兵于沙山。[406]七月，吳與吳越最後決戰，鏐遣
傳瓘將兵三萬攻吳常州，徐溫帥諸將拒之，右雄武統軍陳璋以
水軍下海門出其後（海門在今通州東海門縣界，大江至此入海，
遂海東南則太湖入海之口，舟行由此入太湖，可以達常州之東
洲）。雙方戰於無錫，會溫病熱，不能治軍，吳越攻中軍，飛矢
雨集，鎮海節度判官陳彥謙遷中軍旗鼓于左，取貌類溫者，擐
甲胄，號令軍事，溫得少息，俄頃，疾稍間，出拒之。時久旱
草枯，吳人乘風縱火，吳越兵亂，遂大敗，殺其將何逢、吳建，
斬首萬級。傳瓘遁去，追至山南，復敗之，陳璋亦敗吳越于香
灣。當時，溫養子徐知誥曾請帥步卒二千，易吳越旗幟鎧仗，
躡敗卒而東，襲取蘇州，溫曰：「爾策固善，然吾且求息兵，
未暇如汝言也。」諸將皆以為：「吳越所恃者舟楫，今大旱，
水道涸，此天亡之時也，宜盡步騎之勢，一舉滅之。」溫

歎曰：「天下離亂久矣，民困已甚，錢公亦未易可輕，若連兵不解，方為諸君之憂，今戰勝以懼之，戢兵以懷之，使兩地之民各安其業，君臣高枕，豈不樂哉，多殺何為！」遂引還。[407] 八月，徐溫遣使以吳王書歸無錫之俘於吳越，錢鏐亦遣使請和於吳，雙方自此正式休兵。[408]《讀通鑑論》曾稱讚徐溫：

「徐溫大破錢鏐，知詰請乘勝東取蘇州，溫念離亂久而民困，因鏐之懼，戢兵息民，使兩地各安其業，而曰：『豈不樂哉？』藹然仁者之言乎！自廣明喪亂以來，能念此者誰邪？而不謂溫以武人之能爾也。」[409]

不過，《讀通鑑論》也謂：

「徐溫挾內奪之心，不能出睢、亳以行天討。」[410]

吳的內部有問題，故不能再戰。而以吳越的立場而言，也不能再戰了，因吳大而強，吳越小而弱，雙方的地盤皆已大致固定，是時吳有揚、楚、泗、滁、和、光、黃、舒、蘄、廬、壽、濠、海、潤、常、昇、宣、歙、池、饒、信、江、鄂、洪、撫、袁、吉、虔等二十八州。[411] 吳越僅有浙東越、婺、衢、台、明、溫、處七州，及浙西杭、蘇、秀、湖、睦五州（錢鏐時，秀州尚未析出），共十二州之地。[412] 兩邊實力相差太遠，錢鏐敢於攻吳，本倚梁援，但梁未出兵，亦是鏐致敗之因，鏐對梁自是失望，徐溫頗能瞭解這些微妙的心理，故曾屢遺鏐書，勸鏐自王其國。[413] 即為免受梁的影響，鏐雖不從，仍採事大，牽制吳以自保，然其後梁命鏐討南漢劉巖時，鏐雖受命，竟不行─誠如《資治通鑑》中胡三省的解釋：

「受命者，不逆梁之意，不行者，不肯自弊其力，以伐與

國，此割據者之常計也。」[414]

徐溫與錢鏐兩人智力相埒，《資治通鑑》載：

「吳越王鏐有疾，如衣錦軍，命鎮海、鎮東節度使留後傳瓘監國，吳徐溫遣使來問疾，左右勸鏐勿見，鏐曰：『「溫陰狡，此名問疾，實使之覘我也。」強出見之。溫果聚兵欲襲吳越，聞鏐疾瘳而止。鏐尋還錢塘。」[415]

兩人足以相制，而不足以相勝，雙方和平相處，方不為北方所乘，割據形勢乃能成立。

十五、吳越國的建立

錢鏐正式領方鎮，始於唐昭宗景福二年（八九三）九月，被任為鎮海節度使。乾寧四年（八九七）八月，鏐在名義上領有浙江東西道，唐廷賜其鐵券，券文上的正式官職銜為「鎮海鎮東等軍節度浙江東西等道觀察處置營田招討等使兼兩浙鹽鐵制置發運等使開府儀同三司檢校太尉兼中書令使持節潤越等州刺史上柱國彭城郡王食邑五千戶實封一百戶錢鏐」，[416]這個官銜亦表示朝廷承認其對地方的支配權。開平元年（九〇七）五月，雖被朱溫封為吳越王，但仍屬後梁藩鎮，並未建國。一直到了梁末帝敗亡的那一年，亦即後唐莊宗同光元年（九二三），梁主始遣兵部侍郎崔協等冊命吳越王鏐為吳越國王。鏐建國後，儀衛名稱多如天子之制，謂所居曰宮殿，府署曰朝廷，教令下統內曰制敕，將吏皆稱臣，惟不改元，表疏稱吳越國而不言鎮海、鎮東軍。以清海節度使兼侍中傳瓘

為鎮海、鎮東留後，總軍府事，置百官，有丞相、侍郎、郎中、員外郎、客省等使。[417]同年十二月，鏐以行軍司馬杜建徽為左丞相。[418]

後唐莊宗即位，鏐厚陳貢奉，並賂權要，求金印、玉冊、賜詔不名、稱國王。有司詳議，群臣咸言：「玉簡金字，唯至尊一人，錢鏐人臣，不可。又本朝以來，除四夷遠藩，羈縻冊拜，或有國王之號，而九州之內亦無此事。」郭崇韜尤不容其僭，而樞密承旨段徊，姦倖用事，能移崇韜之意，曲為鏐陳情，崇韜俛俛從之。鏐乃以鎮海、鎮東軍節度使名目授其子傳瓘，自稱吳越國王。[419]鏐半生戎馬，歷盡艱難，創建吳越國著實不易，受封國王時，年已七十二歲，晚年「諸國之主無不咸以父兄事之。」[420]居國不免好自大，朝廷使者曲意奉之則贈遺豐厚，不然則禮遇疏薄。後唐明宗即位之初，安重誨用事，鏐嘗與安重誨書，辭禮頗倨，云「吳越國王謹致書于某官執事」，不敘寒暄，重誨怒其無禮。適遣供奉官烏昭遇、韓玫使吳越，玫奏：「昭遇見鏐，稱臣拜舞，謂鏐為殿下，及私以國事告鏐。」重誨奏賜昭遇死，因削鏐元帥、尚父、國王之號，以太師致仕，凡吳越進奏官、使者、綱吏，令所在繫治之，鏐令子傳瓘等上表訟冤，皆不省。[421]長興元年（九三〇）十月，鏐因朝廷冊閩王使者裴羽還，附表引咎，其子傳瓘及將佐屢為鏐上表自訴，敕聽兩浙綱使自便。[422]長興二年（九三一）三月，安重誨失權，復以鏐為天下兵馬都元帥、尚父、吳越國王，遣監門上將軍張籛往諭旨，以曩日致仕，安重誨矯制也。[423]錢鏐所以肯如此低首下氣，主要還是基於一個戰略理由，即不放心吳，錢傳瓘代父上表給後唐明宗中。說得很老實：

「且臣本道，與淮南雖連疆畛，久結仇讎，交惡尋盟，十翻九覆，縱敵已逾於三紀，弭兵纔僅於數年，諒非脣齒之邦，真謂腹心之疾。……儻王師之問罪，願率眾以齊攻，必致先登，庶觀後効。橫秋雕鶚，祇待指呼，躍匣蛟龍，誓平讎隙。」[424]

吳始終就不承認吳越國，鏐接受後唐封號後，嘗遣使者沈瑫致書，以受玉冊、封吳越國王告於吳，吳人以其國名與己同，嫌其居越而兼吳國之名，不受書，遣瑫還，吳仍戒境上無得通吳越使者及商旅。[425] 徐溫死前一年（九二六），曾有過動兵吳越的念頭。[426] 天成四年（九二九），鏐遣溫子知詢金玉鞍勒、器皿，皆飾以龍鳳，用意在離間徐知誥、徐知詢兄弟。[427] 可知錢鏐根本不相信吳越與吳之間和平的穩定性。除南方有一小塊與閩國接壤之外，吳越全境都在吳的包圍之下，鏐知光戰戰兢兢是不夠的，吳越立國必須要得到北方大國的支持與奧援。

十六、吳越的年號

從理論上說，吳越既奉中國為正朔，當然兼用中國的年號。但錢鏐曾私自改元，亦是事實。歐陽修《新五代史》十國世家年譜記：

「五代十國，稱帝改元者七，吳越、荊、楚常行中國年號，然予聞於故老，謂吳越亦嘗稱帝改元，而求其事迹不可得，頗疑吳越後自諱之。及旁采閩、楚、南漢諸國之書，與吳越往來者多矣，皆無稱帝之事。獨得其封落星石為寶石山制書，稱寶正六年辛卯，則知其嘗改元矣。辛卯，長興二年，乃鏐之末世也，然不見其終始所因，故不得而備列。錢氏迄五

代，嘗外尊中國，豈其張軌之比乎。」[428]

照推算，吳越寶正元年，應是後唐明宗天成元年（九二六），《資治通鑑》亦載：

「是歲（天成元年），吳越王鏐以中國喪亂，朝命不通，改元寶正，其後復通中國，乃諱而不稱。」[429]

天成元年（九二六）亦即後唐莊宗同光四年（九二六），莊宗死於這一年四月。不過，錢鏐改元寶正，並非秘事，胡三省曾引多種記述，註明此事：[430]

「閭自若《唐末汎聞錄》云：同光四年，京師亂，朝命斷絕，鏐遂僭大號，改元保正；明年，明宗賜命至，乃去號，復用唐正朔。」

「《紀年通譜》云：鏐雖外勤貢奉，而陰為僭竊，私改年號於其國。其後子孫奉中朝正朔，漸諱改元事。及錢俶納土，凡其境內有石刻偽號者，悉使人交午鑿滅之。惟今杭州西湖落星山塔院中有鏐封此山為壽星寶石山偽詔，刻之於石，雖經鑿毀，其文尚可讀，後題云：『寶正六年，歲在辛卯』，明宗長興二年也；其元年即天成元年也。好事者或傳曰『保正』，非也。」

「余公綽《閩王事迹》云：「同光元年春，梁策錢鏐為尚父；來年改寶正元年。永隆（閩年號）三年，吳越世宗文穆王薨。」

「林仁志《王氏啟運圖》云：「同光元年，梁封浙東尚父為吳越國王，尋自改元寶正。長興三年，吳越武肅王崩，子世

皇嗣。永隆二年，吳越世皇崩，子成宗嗣。」

「胡注：「公綽、仁志所記年歲差繆，然可見錢氏改元及廟號，故兼載焉。至今兩浙民間猶謂錢鏐為錢太祖，今參取諸書為據。」

《新五代史》雖謂：「錢氏唯見一號（寶正）六年，其餘皆闕不見。」[431] 但宋王應麟《玉海》歷代年號中，所列吳越的年號就有四個，即：[432]

天寶　吳越錢鏐

廣初　吳越錢鏐

寶正　吳越錢鏐

寶大　吳越錢鏐，或曰寶太

清人吳任臣所編的《十國春秋》則謂：

「吳越惟武肅（錢鏐）三改元，文穆以下無聞焉。」[433]

所謂三改元，即天寶、寶大、寶正三年號，吳任臣對此也有疑問，曾詳述其始末：

「改元易號，自昔傳聞異辭，本書所記年號，一以碑文是正，如吳越天寶、寶大、寶正雜見墓碑、寶幢。」[434]

「歐陽氏五代史謂錢氏有改元，而無稱帝之事，然獨得其封落星石制書，稱寶正六年辛卯一節耳。及宋末，於臨安府得吳越尊勝幢，有云天寶四年，歲次辛未，是朱梁簒唐之明年戊辰已改元天寶矣！又靈隱尊勝幢云寶大二年歲次乙酉，婺州觀

音院鐘刻云寶大二年乙酉，而朱府君墓誌亦言寶大元年歲次甲申，是唐之同光二年，在吳越為寶大元年也。元至正時，海寧州發吳越臣許俊墓，內署寶正三年於石，而招賢寺幢及貢院橋柱皆題寶正年月，不一而足，則武肅王之改元斷矣！獨是越州牆隍廟碑，既奉梁敕為梁主父名諱，且上書開平二年歲在戊辰。又杭州真聖觀碑後，署開平二年八月，豈立碑在改元之月之前？抑武肅王於中原正朔，或尊或廢，陽用而陰違邪？至於台州壁記，有錢鏐天祐十九年之紀，而瑪瑙水月寺幢，復有言作寶貞年號者，載籍傳譌，卒不可得而明也。姑舉起大端，以為吳越改元之證云。」[435]

所以吳越錢鏐確曾改元，錢鏐的觀念是：「老身猶健，且作國王之呼；嗣子承家，但守藩臣之分。」「啓土封王，自守諸侯之土宇。」[436] 改年號是及身而止，是對內的一種措施。當然，這並不是一件嚴重的事，誠如《新五代史》所云：「十國皆非中國有也，其稱帝改元與不，未足較其得失。」[437] 但亦知錢鏐的奉中朝正朔，僅是一種戰略運用，目的在於穩固其所建立獨立王國的基礎。

十七、結論

錢鏐死於後唐明宗長興三年（九三二）三月，享年八十一歲。鏐晚年已內定七子傳瓘為繼承人，鏐臨終之前，還來了一次戲劇化的行動。鏐疾篤，謂將吏曰：「吾疾必不起，諸兒皆愚懦，誰可為帥者？」眾泣曰：「兩鎮令公（天成三年（九二八），錢鏐以鎮海、鎮東兩鎮授傳瓘，朝廷又加中書令）

仁孝有功，孰不愛戴！」鏐乃悉出印鑰授傳瓘，曰：「將吏推爾，宜善守之。」又曰：「子孫善事中國，勿以易姓廢事大之禮。」錢鏐之意，蓋謂偏據一隅，知以小事大而已。苟中國有主，則臣事之，其自興自仆，吾不問也。[438]

《資治通鑑》嘗謂：

「錢鏐、鍾傳、杜洪畏楊行密之強，皆求援於朱全忠。其後鍾、杜皆不能保其土，而錢氏獨傳子及孫，以此知有國有家者，久近存乎其人。」[439]

可知人的因素非常重要，然而與鏐並起群雄甚多，為何獨鏐能保據一方，且澤被子孫呢？《讀通鑑論》也曾提出過相同的疑問：

「錢鏐與董昌為流匹，起群盜之中，其毆人爭戰，戕民逞志，屈志逆賊，受其偽冊，與高季興、馬殷、劉巖、王延政、孟知祥互有長短，而無以大異。則爝火之光，宜其速熸耳。而延及宋世，受爵王廷，保世滋永，垂及於今，猶為華族，子姓蕃衍，徧於江東，夫亦何道而致然哉？」[440]

推究原因，是錢鏐個人有足深取者，茲分述於下：

1. 戒懼、謹慎，《吳越備史》記：

「王始在軍中，未嘗自安，每欲暫憩，必先整衣甲盥漱而後寢焉，又以圓木小枕綴鈴，睡熟則欹，由是而寤，名曰警枕。又置粉盤于臥內，有所記則書之，及撫鎮二國，殆及四紀，勤勞恭儉，始終如一。致每夕，必列侍女各主一更，戒之

曰：『外有報事，當振鈴聲以為警省。』凡有聞報，即時而遣。又嘗以彈丸牆樓之外，以警宿直者，使其不寐，以應其事。又嘗微行，夜扣北城門，吏不肯啓關，曰：『大王來，我亦不啓。』王乃自便門而入，明日召吏厚賜之。」[441]

錢鏐戒懼與謹慎的性格，亦嘗受其父之勸戒，《舊五代史》記：

「鏐於臨安故里興造第舍，窮極壯麗，歲時遊於里中，車徒雄盛，萬夫羅列。其父寬每聞鏐至，走竄避之，鏐即徒步訪寬，請言其故。寬曰：『吾家世田漁為事，未嘗有貴達如此，爾今為十三州主，三面受敵，與人爭利，恐禍及吾家，所以不忍見汝。』鏐泣謝之。」[442]

鏐再睹董昌失敗之鑒，故始終不敢稱帝。《吳越備史》記載列國稱帝之事：

「天祐已後，中原多事，西川王氏稱蜀，邗溝楊氏稱吳，南海彭城（劉）氏稱漢，長溪王氏稱閩，皆竊大號，或通姻戚，或達娉好，皆以龍衣玉冊洎書疏等，勸王自大，王嘗笑曰：『此兒輩自坐爐炭之上，而又踞于上邪，吾以去偽平賊，承天子疇庸之命，至于封建，車服之制，悉有所由，豈圖一時之事，乃隨波于爾輩也。』皆卻之，而不納。」[443]

不稱帝的好處，便是在政治上有伸縮幹旋度，錢鏐是非常明瞭自己實力與形勢的人。

2. 知人、容士，鏐本一介武夫，修養是後來才培養成的。《北夢瑣言》記：

「屯難之士，君子遭遇不幸，往往有之，唐進士章魯封與羅隱齊名，皆浙中人⋯⋯（鏐）出草萊，未諳事體，重縣宰而輕郎官，嘗曰某人非才只可作郎官，不堪作縣令，即可知也。以章魯封為表奏孔目官，章拒而見答。」[444]

《舊五代史》亦記：

「鏐初事董昌，時年甫壯室，性尚剛烈。時有儒士謁於主帥，已進刺矣，見鏐稍息，鏐怒，投之羅剎江，及典謁者將召，鏐詐云：「客已拂衣去矣。」及為帥時，有人獻詩云：『一條江水檻前流。』鏐不悅，以為譏己，尋害之。」[445] 不過，到了晚年，作風逐漸改變，《舊五代史》記：

「迨於晚歲，方愛人下士，留心理道，數十年間，時甚歸美。」[446]

「鏐學書，好吟咏。江東有羅隱者，有詩名，聞於海內，依鏐為參佐。鏐嘗與隱唱和，隱好譏諷，嘗戲為詩，言且微時騎牛操挺之事，鏐亦怡然不怒，其通恕也如此。」[447] 隱為浙江第一士人，鏐能尊禮重用，此種氣度，是成功之道。

3. 恤下、重法，賞罰分明，決不以私害公。《吳越備史》載：

「後廷有鄭氏，其父嘗以罪當死，上右冀其或宥，且言斯人有息女與侍，王命出其女，而後斬之，顧上右刑者曰：『柄豈可以一婦人而亂我法邪。』」[448]

但有功決不吝賞，對於盡忠於他的部下，決待以恩義，《吳越備史》記：

「自開創以來，至于底定，而撫孚將帥洎行伍，莫不盡得其歡心。有勳將何逢歿於賊中，一旦王見其所乘馬，悲泣不能止，上右莫不感激。」[449]

何逢死於後梁貞明五年（九一九）與吳之戰役，鏐對部下結以恩情，故將士附心。

錢鏐之缺點，或在奢侈，《舊五代史》亦載：

「鏐在杭州垂四十年，窮奢極貴。錢塘江舊日海潮逼州城，鏐大庀工徒，鑿石填江，又平江中羅剎石，悉起台榭，廣郡郭周三十里，邑屋之繁會，江山之雕麗，實江南之勝概也。」[450]

兩浙民間嘗稱鏐為「海龍王」，[451] 固是承認鏐在水利上有成績，但亦是指其窮奢極侈，大興土木，居處營造得像龍宮那樣壯麗。還有鏐喜歡人為其立生祠，[452] 也是一件擾民而無意義的事。但兩浙物力繁盛，經濟上是有強厚的能力，錢鏐的最大貢獻，便是在亂世中保持一塊乾淨之土，比較當時列國而言，吳越的治道是較好的。蘇東坡曾盛稱錢氏：

「吳越地方千里，帶甲十萬，鑄山煮海，象犀珠玉之富，甲於天下。然終不失臣節，貢獻相望于道。是以其民至于老死不識兵革，四時嬉遊，歌鼓之聲相聞，至於今不廢，其有德於斯民甚厚。」[453]

南宋人陳亮亦云：

「錢塘始終五代，被兵最少，而二百年之間，人物日以繁盛，遂甲於東南。」[454]

蘇東坡與陳亮的話，是吳越武肅王錢鏐在歷史上的定評。

註釋

1. 《農史研究集刊》第二冊〈吳越錢氏在太湖地區的圩田制度和水利系統〉。
2. Ch'ao-Ting Chi "Key Economic Areas in Chinese History" p.36。
3. Ch'ao-Ting Chi "Key Economic Areas in Chinese History" p.36。
4. 薛居正《舊五代史》,卷一百三十五,頁一八〇八至一八〇九。(標點本)
5. 薛居正《舊五代史》,卷一百三十三,頁一七七六。
6. 開明《二十五史補編》第六冊,頁七七五六所收清顧懷三〈補五代史藝文志〉謂《吳越備史》十五卷,為錢儼託名范坰、林禹撰。
7. 《資治通鑑》,卷二百七十三,頁八九一五:「崇韜位兼將相,復領節旄,以天下為己任,權侔人主,旦夕車馬填門。……嘗問之曰『汾陽王本太原人徙華陰,公世家鴈門,豈其枝派邪?』崇韜因曰:『遭亂亡,失譜諜,嘗聞先人言,上距汾陽四世耳。』五代紛亂,四世已不能盡明,何況八世。王夫之《讀通鑑論》,卷三十,五代,頁一〇七一亦評曰:「徐知誥自誣為吳王恪之裔,雖蒙李姓,未知為誰氏之子。」卷二十八,頁一〇三六:「漫推一鬼而祖考之,遂謂之祖考,於是神怒於上,人迷於下。……」關於《吳越備史》所載世系不可靠之事,另見於渡邊道夫〈吳越國的建國過程〉一文(《史觀》第五十六冊)。
8. 歐陽修《新五代史》,卷六十七,頁八三五至八三六。(標點本)
9. 清徐任臣《十國春秋》,卷八十四,頁九。(國光)
10. 歐陽修《新五代史》,卷六十七,頁八三六。(標點本)
11. 薛居正《舊五代史》,卷一百三十三,頁一七七六。(標點本)
12. 王郢之亂,起於乾符二年(八七五),平於乾符四年(八七七),事詳見《舊唐書》僖宗紀。
13. 谷川道雄〈唐代的藩鎮について——浙西的場合〉一文對王郢之亂的性質,有較詳的敘述。(《史林》三五、三)
14. 《吳越備史》,卷一,頁二。(《四部叢刊》)
15. 孫光憲《北夢瑣言》,卷五,頁九。(雅雨堂藏書)
16. 薛居正《舊五代史》,卷一百三十三,頁一七六六。(標點本)
17. 佐竹靖彥,〈杭州八都から吳越王朝へ〉,頁四,謂有兩種說法。筆者認為應析成三種,才較為妥當。
18. 歐陽修《新唐書》,卷一百八十六,頁五四一六。
19. 宋周淙《乾道臨安志》,卷第三,頁六一。(世界)
20. 《吳越備史》,卷一,頁三。(四部叢刊)
21. 《吳越備史》,卷一,頁九。
22. 《吳越備史》,卷一,頁三。
23. 《資治通鑑》,卷二百五十三,頁八二一〇。
24. 《吳越備史》,卷一,頁二。石鏡鎮在臨安縣南,《新五代史》作石鑑,《舊五代史》云昌為於潛鎮將,蓋於潛亦屬臨安也。
25. 《資治通鑑》,卷二百五十三,頁八二一〇。
26. 《資治通鑑》,卷二百五十三,頁八二一七。
27. 《資治通鑑》,卷二百五十四,頁八二五八;又《新唐書》董昌傳亦載:「中和三年,刺史路審中臨州,昌率兵拒,不得入,即自領州事,鎮海節度使周寶不能制,因表為刺史。」此中和三年有誤,應為中和元年。
28. 《新五代史》,卷六十七,頁八三六。
29. 清徐任臣《十國春秋》,卷七十七,頁四載:「昌乃團練八都兵」;《新五代史》,卷六十七,頁八三六載:「昌乃團諸縣兵為八都」。按此兩句話意思,是有出入的,八都兵之建立是早在中和元年董昌任杭州刺史之前。
30. 唐李吉甫《元和郡縣圖志》,卷二十五,頁十四。(《畿輔叢書》)
31. 渡邊道夫〈吳越國的建國過程〉,頁九十五至九十六。(《史觀》56)
32. 參考佐竹靖彥〈杭州八都から吳越王朝へ〉。
33. 《吳越備史》,卷一,頁八。
34. 《吳越備史》,卷一,頁八至九。
35. 《吳越備史》,卷一,頁五。
36. 《吳越備史》,卷一,頁十二。

37. 唐李吉甫《元和郡縣圖志》，卷二十五，頁十五，(《畿輔叢書》)錢塘縣條：「浙江東在縣南一十二里，莊子云浙河即謂浙江，蓋取其曲折為名。」另見渡邊道夫，〈吳越國の建國過程〉，頁九五。

38.《吳越備史》，卷一，頁八。

39. 宋王存《元豐九域志》，卷五，頁十三。(文海)

40. 元潛說友，《咸淳臨安志》，卷二十一，頁二十。(成文)

41.《吳越備史》，卷一，頁三：「餘杭縣曰陳晟；」。

42.《十國春秋》，卷一百十二，地理表下，頁十，餘杭後徙溪南，號清平軍。

43.《吳越備史》，卷一，頁三十八。

44.《新唐書》，卷一百十一，周寶傳，頁五四一六；《資治通鑑》，卷二百五十六，頁八三一七。

45. 唐李吉甫《元和郡縣圖志》，卷二十六，頁七至八。《十國春秋》，卷一百十二，地理表下，頁十二。

46.《資治通鑑》，卷二百五十四，頁八二六〇；及卷二百六十六，頁八六八一。

47. 渡邊道夫，〈吳越國の建國過程〉(《史觀》56)，頁九五。

48.《資治通鑑》，卷二百六十三，頁八五七九。

49. 元潛說友《咸淳臨安志》，卷十九，頁二十。(成文)

50. 元潛說友《咸淳臨安志》，卷十六，新頁一八七。

51. 參考佐竹靖彥，〈杭州八都から吳越王朝へ〉，頁五。

52.《吳越備史》，卷一，頁三。

53. 唐李吉甫，《元和郡縣圖志》，卷二十五，頁十五。

54.《吳越備史》，卷一，頁四十七。

55.《十國春秋》，卷一百十二，地理表下，頁十一。

56.《十國春秋》，卷一百十二，地理表下，頁十一。

57.《吳越備史》，卷一，頁四十七。

58.《吳越備史》，卷一，頁五十。

59. 宋路振，《九國志》，卷五，頁四。(《守山閣叢書》)

60.《吳越備史》，卷一，頁九。

61.《十國春秋》，卷七十七，頁三：「富陽文禹，一作聞人宇。」

62.《吳越備史》，卷一，頁九。

63.《吳越備史》，卷一，頁十五。

64. 宋王存《元豐九域志》，卷五，頁十三。

65. 參考佐竹靖彥〈杭州八都から吳越王朝へ〉，頁六。

66. 引自《文苑英華》，卷八百一十一，頁六。(華文)另《欽定全唐文》，卷八百九十五，頁十一，將「保城火」記為「堡火口」，疑有誤，故不取。

67.《十國春秋》，卷八十五，饒景傳，頁五至六。

68. 宋王存《元豐九域志》，卷五，頁十三《元豐九域志》的昌化，原為橫山，橫山原名為唐山；見《十國春秋》，卷一百十二，地理表下，頁十一。

69.《吳越備史》，卷一，頁三十六。

70.《吳越備史》，卷一，頁三十六至三十七。

71.《吳越備史》，卷一，頁二十六：「湖州平，王(錢鏐)命海昌鎮將高彥為湖州制置使；」頁十二：「命海昌鎮將沈綮權知蘇州事。」

72. 宋樂史《太平寰宇記》，卷九十三，頁九。(文海)又《十國春秋》，卷一百十二，頁十一。

73.《吳越備史》，卷四，頁五。

74.《吳越備史》，卷一，頁八：「王命東安都將杜稜；」亦見於《資治通鑑》，卷二百五十七，頁八三五七。《十國春秋》，卷七十七，頁八：「羅隱東安鎮新築羅城記曰：……舊有八都之目，其所以破山偷莊，八將之功所致也，而東安領太師王公……」；卷八十四，頁七：「稜時為東安都將，更號武安營，與董昌、徐及、凌文舉等稱杭州八都。」

75.《資治通鑑》，卷二百五十三，頁八二一〇。

76.《元豐九域志》，卷五，頁三十二。(聚珍版叢書)

77.《十國春秋》，卷一百十二，頁十。

78.《吳越備史》，卷三，頁五。

79.《咸淳臨安志》，卷二十，頁一。

80.《十國春秋》，卷一百十二，頁十三。

81.《十國春秋》，卷八十四，頁十四。

82.《十國春秋》，卷七十九，頁九：「析嘉興縣之西鄙義和鎮為崇德縣。」

83.《吳越備史》，卷一，頁四十四至四十五。

84.《吳越備史》，卷一，頁三十六至三十七。

85.《十國春秋》，卷八十五，頁五。

86.《欽定全唐文》，卷八百九十七，頁九。（匯文）另見《十國春秋》，卷八十五，頁五：「以功署西桂鎮遏使」；「將「西佳」改作「西桂」。

87. 參考周藤吉之〈宋代の鄉村における店、市、步の發展〉（《唐宋社會經濟史研究》），頁八二六及八四八。

88.《資治通鑑》，卷二百五十六，頁八三一七。

89.《資治通鑑》，卷二百五十九，頁八四四五。

90.《資治通鑑》，卷二百五十九，頁八四四五；《吳越備史》，卷一，頁十五。

91.《吳越備史》，卷一，頁十五。

92.《資治通鑑》，卷二百五十三，頁八二〇三。

93.《吳越備史》，卷一，頁三。

94.《新唐書》，卷二百二十五黃巢傳，頁六四五四。觀察使是考察州縣官吏政績，兼管民事，統轄數州的大官，凡不設節度使的地方，即以觀察使為一道的行政長官。

95.《資治通鑑》，卷二百五十三，頁八二〇八。

96.《資治通鑑》，卷二百五十三，頁八二一九。

97.《吳越備史》，卷一，頁三至四。

98.《資治通鑑》，卷二百五十三，頁八二二三。

99.《吳越備史》，卷一，頁四。

100.《吳越備史》，卷一，頁四；並見《新五代史》，卷六十七，頁八三六。

101.《吳越備史》，卷一，頁四；並見《新五代史》，卷六十七，頁八三六，「是時，天下已亂，昌乃團諸縣兵為八都，以鏐為都指揮使，成為為靖江都將。」

102. Somers, Robert Milton, "The collapse of the T'ang order", p. 197。

103.《資治通鑑》，卷二百五十，頁八〇八二。

104. 參考日野開三郎《支那中世の軍閥》（東京三省堂）中的〈自衛團之發達與鎮之普及〉。文中並有補充說明：「當初杭州石鏡鄉自衛團只有數百人，後擴充超過千人；同時代黃晟所率浙江明州平嘉堞，鄧進忠所率湖南潭州瀏陽之自衛團，亦有千餘人；文德元年（八八八），王建從薪都起兵時，其附建之綿、竹自衛團，亦從千人至萬人不等。」

105.《吳越備史》，卷一，頁四：「各聚千人，以衛鄉里。」

106.《吳越備史》，卷一，頁五十。

107.《舊唐書》，卷四十四，職官三，頁一九一四及一八九一；另見《新唐書》，卷四十八，百官志。

108.《吳越備史》，卷四，頁五。

109.《吳越備史》，卷一，頁三十六。

110.《吳越備史》，卷四，頁五。

111.《吳越備史》，卷一，頁三十六。

112.《吳越備史》，卷一，頁八。

113. 參考渡邊道夫，〈吳越國の建國過程〉。

114. 參考佐竹靖彥〈杭州八都から吳越王朝へ〉，頁十三。（《人文學報》第一二七號）

115. 參考渡邊道夫，〈吳越國の建國過程〉，頁九八。

116. 參考日野開三郎，《支那中世の軍閥》，頁二二九至二三四。

117.《新唐書》，卷四十九下，百官志，頁一三二〇。

118.《資治通鑑》，卷二百五十，頁八〇七九。

119.《資治通鑑》，卷二百三十九，頁七七〇八。

120.《資治通鑑》，卷二百四十九，頁八〇七〇。

121.《資治通鑑》，卷二百四十九，頁八〇七〇。

122.《資治通鑑》，卷二百四十九，頁八〇七一。

123.《資治通鑑》，卷二百五十三，頁八二〇二。

124.《資治通鑑》，卷二百五十一，頁八一二一。

125.《資治通鑑》，卷二百五十五，頁八二九〇。

126.《吳越備史》，卷一，頁二十六。

127.《吳越備史》，卷一，頁四十二。

128.《吳越備史》，卷一，頁四十二。

129. 參考佐竹靖彥，〈杭州八都から吳越王朝へ〉，頁十五。（《人文學報》第一二七號）

130.《新唐書》，卷一百九十，劉漢宏傳，頁五四八八。

131.《吳越備史》，卷一，頁七。

132. 參考佐竹靖彥，〈杭州八都から吳越王朝へ〉，頁十八。（《人文學報》第一二七號）

133.《資治通鑑》，卷二百五十四，頁八二三四。

134.《資治通鑑》，卷二百五十四，頁八二三四。

135.憲宗朝鎮海節度使李錡之亂，為歷來討論兩浙地域武力之形成，與唐中央對立的關係，均為重要爭論點。見谷川道雄，〈唐代の藩鎮について——浙西の場合〉，曾詳論李錡叛亂事件之性質。

136.參考佐竹靖彥，〈杭州八都から吳越王朝へ〉，頁十七。(《人文學報》第一二七號）

137.《資治通鑑》，卷二百五十五，頁八二七三，記在八月；《吳越備史》，卷一，頁四，則記在七月。

138.《資治通鑑》，卷二百五十三，頁八二七三至八二七四；《吳越備史》，卷一，頁四。

139.《資治通鑑》，卷二百五十五，頁八二七七；《吳越備史》，卷一，頁四至五。

140.《資治通鑑》，卷二百五十五，頁八二九一；《吳越備史》，卷一，頁五。

141.《吳越備史》，卷一，頁五。

142.《資治通鑑》，卷二百五十五，頁八三〇〇；《吳越備史》，卷一，頁五至六。

143.《資治通鑑》，卷二百五十五，頁八三〇三；《吳越備史》，卷一，頁六。

144.《資治通鑑》，卷二百五十五，頁八三〇一；《新唐書》，卷一百九十，劉漢宏傳，頁五四八八。

145.《新五代史》，卷六十七，頁八三六。但《吳越備史》，卷一，頁六則謂：「王（錢鏐）遂班師以待之，漢宏因殺王人，密徵水師于溫州，此時朱褒出戰船習于望海，以史惠、施堅實、韓公汶領之，復圖水陸並進。」

146.《十國春秋》記載這一段談話的時間，是在正月。疑時間有誤，因《資治通鑑》及《吳越備史》均記在十月。

147.《資治通鑑》，卷二百五十六，頁八三三九至八三四〇。

148.《吳越備史》，卷一，頁七至八記：「杜雄執送漢宏至，命斬於會稽市，漢宏斥刑者曰：『吾廉察也，非汝輩可殺，吾嘗夢手捧金錢殺我者，錢公也。』乃請王親刃焉。」「就執之日，董庶人讓之，宏曰：『成即是，敗即非，自古何有不敗之家，不亡之國。然則僕射亦有名將良策，宏無之，以至于此，何必太讓哉！』」並見《新唐書》劉漢宏傳。

149.《資治通鑑》，卷二百五十六，頁八三四一。另《吳越備史》，卷一，頁八：「越人及諸將皆推王（錢鏐）為主，王固讓董氏，董遂權蒞于越。杭人復請王代董氏，時浙西節度使周寶承制，以王權知杭州軍州事兼杭州管內都指揮使。」

150.《新唐書》，卷一百九十，劉漢宏傳，頁五四八八。

151.見註148。

152.《吳越備史》，卷一，頁四至五。

153.參考佐竹靖彥，〈杭州八都から吳越王朝へ〉(《人文學報》第一二七號），頁十九。

154.《太平寰宇記》，卷九十六至九十九，頁七二一至七四六。

155.《太平寰宇記》，卷九十三，頁七〇一。

156.《新唐書》，卷一百九十，劉漢宏傳，頁五四八八。

157.《吳越備史》，卷一，頁四十六至四十七。

158.參考佐竹靖彥，〈杭州八都から吳越王朝へ〉(《人文學報》第一二七號），頁二十至二十一。

159.參考佐竹靖彥，〈杭州八都から吳越王朝へ〉(《人文學報》第一二七號），頁二十二。

160.《吳越備史》，卷一，頁八；另頁五十，成及傳記：「北關鎮將（彭城）孟安謀亂，即席奮劍將犯王，及舉胡床制之，偏將盛造因執孟安就戮。」

161.谷川道雄，〈唐代の藩鎮について——浙西の場合〉，《史林》三五、三，頁八十五。

162.《資治通鑑》，卷二百五十四，頁八二五七至八二五八。高駢為高崇文之孫，高崇文斬李康，事見卷二百三十七，頁七六二八至七六二九。

163.《吳越備史》，卷一，頁八；另見於《新唐書》，卷一百八十六，周寶傳，頁五四一六。

164.《資治通鑑》，卷二百五十六，頁八三二九。

165.《資治通鑑》，卷二百五十六，頁八三三八。

166.《資治通鑑》，卷二百五十六，頁八三四五至八三四六。

167.《新唐書》，卷一百八十六，周寶傳，頁五四一七。

168.《資治通鑑》，卷二百五十七，頁八三五七；《吳越備史》，卷一，頁八至九。

169.《資治通鑑》，卷二百五十七，頁八三六〇；《吳越備史》，卷一，頁九。

170.《新唐書》，卷一百八十六，周寶傳，頁五四一七。云錢鏐遣杜稜子建徽攻丁從實，聲言引寶。大概從實不肯，是以攻常州。又《吳越備史》，卷一，頁九云丁從寶暴虐，號丁滅門，是以錢鏐攻取常州。

171.《資治通鑑》，卷二百五十七，頁八三六三；《吳越備史》，卷一，頁九。

172.《資治通鑑》，卷二百五十七，頁八三七二；《吳越備史》，卷一，頁十。

173.《吳越備史》，卷一，頁十：「至是以疾薨，年七十四。」《資治通鑑》，卷二百五十七，頁八三七二，胡三省亦注云從《吳越備史》。

174.《新唐書》，卷一百八十六，周寶傳，頁五四一七。《新唐書》記：「鏐具彙鞭迎寶，舍樟亭。未幾，殺之。」《資治通鑑》，卷二百五十七，頁八三七二；《吳越備史》，卷一，頁十；《資治通鑑》引：「考異曰：吳越備史『寶病卒。』實錄：『鏐迎至郡，氣卒於樟亭鐸。』新紀：『十月丁卯，鏐殺周寶。』十國紀年：『此月乙未，寶卒。或曰：鏐殺之。』新傳云：『鏐迎寶舍樟亭，未幾，殺之。』」

175.《吳越備史》，卷一，頁十：「至是以疾薨，年七十四。」《資治通鑑》，卷二百五十七，頁八三七二，胡三省亦注云從《吳越備史》。

176.《新五代史》，卷六十七，頁八三七，亦記云：「寶病卒。」與《新唐書》所記不同，故歐陽修本人亦未辨證前後矛盾的說法。

177.《資治通鑑》，卷二百五十七，頁八三七二；《吳越備史》，卷一，頁十。胡三省注：「考異曰：吳越備史『明年，正月丙寅，克潤州，斬薛朗。』按朗斬於杭州，必不同在一日，今從十國紀年。」

178.《資治通鑑》，卷二百五十七，頁八三七三；《吳越備史》，卷一，頁十一。

179.《資治通鑑》附錄：《通鑑釋文辯誤》，卷十二，頁一六五：「杭、蘇、常、潤、秀、湖、睦為浙西，此唐末所分也。」按秀州由蘇州嘉興縣所析出。

180.《資治通鑑》，卷二百五十七，頁八三八一；《吳越備史》，卷一，頁十二。

181.《資治通鑑》，卷二百五十七，頁八三四八：「考異曰：吳越備史『四月，六合鎮將徐約攻陷蘇州。約，曹州人也，初從黃巢攻天長，遂歸高駢，駢用為六合鎮將。浙西周寶子墰楊茂實為蘇州刺史，約攻破之，遂有其地。』據實錄，寶以其墰為蘇州刺史，朝廷已除趙載代之。張雄據蘇州必在載後，備史恐誤，今從新紀、傳。」徐約於光 三年（八八七）四月，逐蘇州刺史張雄。

182.《資治通鑑》，卷二百五十八，頁八三八六；《吳越備史》，卷一，頁十二。

183.《資治通鑑》，卷二百五十八，頁八三八七。關於阮結的死，見《吳越備史》，卷一，頁十二記載：「初徐約之黨三千餘人來降，結撫之失所，因散香于甘露寺，輒為所叛，投于江，遂成疾而卒，年四十六。王以其弟右驍衛將軍阮綽領其本郡，仍命成及代所任，及盡誅其叛卒。」

184.《資治通鑑》，卷二百五十八，頁八三八九《吳越備史》，卷一，頁十二至十三，作杜儒林。

185.《資治通鑑》，卷二百五十八，頁八三八九《吳越備史》，卷一，頁十二至十三，作杜儒林。

186.《吳越備史》，卷一，頁八。

187.參考佐竹靖彥，〈杭州八都から吳越王朝へ〉（《人文學報》第一二七號），頁二十三至二十四。

188.《吳越備史》，卷一，頁十一。

189.《吳越備史》，卷一，頁十二。

190.《吳越備史》，卷一，頁十三。

191.《吳越備史》，卷一，頁十四。

192.《資治通鑑》，卷二百五十八，頁八三八九。

193.《資治通鑑》，卷二百五十八，頁八三九一，又《吳越備史》，卷一，頁十三：「楊行密遣將李宥陷我昆陵，執杜稜而去。」

194.《十國春秋》，卷八十四，杜稜傳，頁七。

195.《十國春秋》，卷八十四，杜稜傳，頁八。

196.《資治通鑑》，卷二百五十八，頁八三九二。

197.《吳越備史》，卷一，頁十三。

198.《資治通鑑》，卷二百五十八，頁八三九四。

199.《資治通鑑》，卷二百五十八，頁八四〇二；又《吳越備史》，卷一，頁十三：「秋

七月，常州李宥陷我姑蘇。」

200.《資治通鑑》，卷二百五十八，頁八四〇二。
《資治通鑑》與《新唐書》均云鏐密遣粲害
刺史彌休；《吳越備史》，卷一，頁十三則
謂：「初，沈粲之攻儒林（彌休），儒林曰：
『勿殺我，與你金。』粲曰：『殺爾，金將焉
往？』遂殺之。」杜稜、成及、沈粲三人同敗
歸，鏐何以獨責粲？蓋粲人品太差，且蘇州
因「失備」而敗。

201.《資治通鑑》，卷二百五十八，頁八四〇五；
《吳越備史》，卷一，頁十三。

202.《資治通鑑》，卷二百五十八，頁八四〇九至
八四一〇：「十二月，孫儒拔蘇州，殺李宥。」
《吳越備史》，卷一，頁十三則謂：「多十一
月，孫儒陷姑蘇，李宥奔常熟。」

203.《資治通鑑》，卷二百五十八，頁八四二二；
《吳越備史》，卷一，頁十四。

204.《吳越備史》，卷一，頁十四：「孫儒自淮
南復入姑蘇，將乘勝以圖我，王出舟師以
禦之，儒遂絕南顧。」

205.《資治通鑑》，卷二百五十九，頁八四二六。

206.《吳越備史》，卷一，頁十四。

207.《資治通鑑》，卷二百五十九，頁八四三四。

208.《資治通鑑》，卷二百五十九，頁八四二九。

209.《資治通鑑》，卷二百五十九，頁八四四〇。

210.《資治通鑑》，卷二百五十九，頁八四四八；
《吳越備史》，卷一，頁十五。

211.《資治通鑑》，卷二百五十九，頁八四四八；
《吳越備史》，卷一，頁十五。

212.《資治通鑑》，卷二百五十九，頁八四四五；
《吳越備史》，卷一，頁十五。

213.《欽定全唐文》，卷八百九十五，頁十二。

214.《資治通鑑》，卷二百五十九，頁八四六〇。

215.《資治通鑑》，卷二百五十九，頁八四六〇。

216.《新五代史》，卷六十七，頁八三七。

217.《新唐書》，卷二百二十五下，頁六四六七。

218.《新唐書》，卷二百二十五下，頁六四六七。

219.《新唐書》，卷二百二十五下，頁六四六七。

220.《資治通鑑》，卷二百五十九，頁八四六〇
至八四六一。

221.《資治通鑑》，卷二百六十，頁八四六三
至八四六四。

222.《新唐書》，卷二百二十五下，頁六四六八。

223.《新唐書》，卷二百二十五下，頁六四六七
至六四六八。

224.《資治通鑑》，卷二百六十，頁八四六四。

225.《新唐書》，卷二百二十五下，頁六四六八。

226.《十國春秋》，卷七十七，頁二至三。

227.《資治通鑑》，卷二百五十，頁八〇八〇。

228.《新唐書》，卷二百二十九下，頁六四六九。

229.《吳越備史》，卷一，頁十六。

230.《資治通鑑》，卷二百六十，頁八四六四。

231.《吳越備史》，卷一，頁十七作「二億萬」。

232.《資治通鑑》，卷二百六十，頁八四六四至
八四六五。

233.《資治通鑑》，卷二百六十，頁八四六七。

234.《資治通鑑》，卷二百六十，頁八四六八。

235.《資治通鑑》，卷二百六十，頁八四六八
至八四六九。

236.《資治通鑑》，卷二百六十，頁八四六九；
《吳越備史》，卷一，頁十七至十八載有詔
文。

237.《資治通鑑》，卷二百六十，頁八四七〇。

238.佐竹靖彥〈杭州八都から吳越王朝へ〉，
頁二十四。

239.《資治通鑑》，卷二百六十三，頁八五七八。

240.楊行密亦喜用蔡州兵；見《資治通鑑》，卷
二百五十九，頁八四三四：「孫儒降兵多蔡
人，行密選其尤勇健者五千人，厚其稟賜，
以皁衣蒙甲，號「黑雲都」，每戰，使之先
登陷陣，四鄰畏之。」

241.《資治通鑑》，卷二百六十，頁八四七六。

242.《資治通鑑》，卷二百六十，頁八四七七。

243.《吳越備史》，卷一，頁十九：「府城東接大
江，賊不得聚，然沙路平漲，賊之游兵得以
來往，王謂全武等曰：『賊若有我江壖，襟
帶甌越，則不可當也，汝善禦之。』……然
沙路之患未弭，乃祭江海而禱胥山祠，一夕
驚濤，沙路悉毀，江壖一隅無所患矣！」

244.《資治通鑑》，卷二百六十，頁八四八二至
八四八四；又見《吳越備史》，卷一，頁
十九。

245.《資治通鑑》，卷二百六十，頁八四八四。

246.《資治通鑑》，卷二百六十，頁八四八四。

247.《新五代史》，卷六十七，頁八三八。

248.《資治通鑑》，卷二百六十，頁八四八五。

249.《吳越備史》，卷一，頁二十三：「自王師攻討，而遷延未克者，以其姪真小得志耳，俄而真與小將刺羽不和，譖于昌而殺之，眾由是解體。」

250.《資治通鑑》，卷二百六十，頁八四八六；另見《新唐書》，卷二百二十五下，頁六四六九。

251.《資治通鑑》，卷二百六十，頁八四八六。

252.《新唐書》，卷二百二十五下董昌傳，頁六四六九：「夷其族。於是斬偽大臣李邈、蔣　等百餘人，發昌先墓，火之。」《吳越備史》，卷一，頁二十一則云：「又斬偽宰相李邈、蔣　等十餘人，以下脅從者，悉宥之。」

253.《資治通鑑》，卷二百六十，頁八四八八至八四八九；又《新唐書》董昌傳，頁六四六九。

254.《資治通鑑》，卷二百六十，頁八四九二。

255.《資治通鑑》，卷二百六十，頁八四九五。另見八四九二，胡三省注：「先是已升浙東觀察使為威勝節度使。方鎮表：乾寧元年(八九四)，以乾州置威勝軍節度。……則朝議以董昌已誅，欲以王摶代鎮浙東。然則此時藩鎮有兩威勝軍邪？」此可能為更名之由。

256.《資治通鑑》，卷二百六十，頁八四九二。

257.《舊五代史》，卷一三三，頁一七六七。

258.《舊五代史》，卷一三三，頁一七六七。

259.《資治通鑑》，卷二百六十，頁八四九五；《吳越備史》，卷一，頁二十三至二十四。

260.《資治通鑑》，卷二百六十一，頁八五〇〇。

261.《資治通鑑》，卷二百六十一，頁八五〇三；《吳越備史》，卷一，頁二十四。

262.《資治通鑑》，卷二百六十一，頁八五〇四。

263.《資治通鑑》，卷二百六十一，頁八五〇五。

264.《資治通鑑》，卷二百六十一，頁八五〇八。

265.《吳越備史》，卷一，頁二十六。

266.《吳越備史》，卷一，頁十九。

267.《資治通鑑》，卷二百六十一，頁八五〇八。

268.《吳越備史》，卷一，頁二十六。

269.《吳越備史》，卷一，頁二十六。

270.乾寧四年(八九七)十一月，楊行密大破汴軍，斬汴將龐師古，遂保江淮，而朱溫不能與之爭；見《資治通鑑》，卷二百六十一，頁八五一〇至八五一一。

271.《吳越備史》，卷一，頁二十六至二十七。

272.《資治通鑑》，卷二百六十一，頁八五一三：「兩浙錢鏐、江西鍾傳、武昌杜洪、淄青王師範，皆憚楊行密之強，而黨附朱全忠者也。」

273.《資治通鑑》，卷二百六十一，頁八五一四：「鎮海軍本治潤州。」

274.《資治通鑑》，卷二百六十一，頁八五一四。

275.《資治通鑑》，卷二百六十一，頁八五一七至八五一八。

276.《資治通鑑》，卷二百六十一，頁八五一九；《吳越備史》，卷一，頁二十八。

277.《吳越備史》，卷一，頁二十七。

278.《資治通鑑》，卷二百六十一，頁八五二〇。

279.《吳越備史》，卷一，頁二十九。

280.《資治通鑑》，卷二百六十一，頁八五二一。

281.《資治通鑑》，卷二百六十一，頁八五二二。

282.《資治通鑑》，卷二百六十一，頁八五二五。

283.《資治通鑑》，卷二百六十一，頁八五二五。

284.《資治通鑑》，卷二百六十二，頁八五二九。

285.《資治通鑑》，卷二百六十二，頁八五三二。

286.《吳越備史》，卷一，頁二十九。

287.《吳越備史》，卷一，頁二十九。

288.《吳越備史》，卷一，頁三十。

289.《資治通鑑》，卷二百六十二，頁八五五三。

290.《資治通鑑》，卷二百六十二，頁八五五七；顧全武至杭統兵，衢州制置使陳章代為刺史，參見《吳越備史》，卷一，頁三十一。

291.《資治通鑑》，卷二百六十二，頁八五五八至八五五九。

292.《資治通鑑》，卷二百六十二，頁八五六五。

293.《資治通鑑》，卷二百六十三，頁八五七四。

294.《資治通鑑》，卷二百六十三，頁八五七五。

295.《資治通鑑》，卷二百六十三，頁八五七八。

296.佐竹靖彥，〈杭州八都から吳越王朝へ〉，頁十九。

297.《吳越備史》，卷一，頁五。

298.《二十五史補編》第六冊，頁二，清萬斯同撰〈吳越將相州鎮年表〉。(開明)

299.《二十五史補編》第六冊，頁一，清萬斯同

撰〈吳越將相州鎮年表〉。

300.《十國春秋》，卷一百十四，百官表，頁二十一。

301.路振《九國志》，卷五，頁四至五。（守山閣叢書）

302.《十國春秋》，卷八十八，頁八：「徐綰，故孫儒將也，儒死，綰帥士卒來奔，武肅王愛其驍勇，以其兵為中軍，號武勇都，而署綰為右都指揮使。」

303.《吳越備史》，卷一，頁二十一：「許再思充馬軍都虞候；」浙人不習馬戰，再思統馬軍，似為北人，後許應徐而叛變，亦證明兩人關係密切。

304.《吳越備史》，卷一，頁三十三，武勇都軍叛變時，都監使吳璋助錢鏐守杭州內城北門。

305.《吳越備史》，卷一，頁二十一：「顧全武遣上武勇都監使吳璋執昌而斬之。」又《十國春秋》，卷一百十四，百官表，頁二十一：「吳越後避忠獻王諱，凡官名左右，皆作上，如上統軍使，上內都監使是也。」

306.《吳越備史》，卷一，頁三十二、頁五十一。

307.《吳越備史》，卷一，頁五十一。

308.《吳越備史》，卷一，頁五十一。

309.《資治通鑑》，卷二百六十三，頁八五七九；《吳越備史》，卷一，頁三十二至三十三。

310.《吳越備史》，卷一，頁四十五；但《資治通鑑》，卷二百六十三，頁八五七九作「十步一樓。」

311.《資治通鑑》，卷二百六十三，頁八五七九。

312.《吳越備史》，卷四，頁七；《十國春秋》，卷八十四，頁十二。

313.《吳越備史》，卷一，頁三十九。《資治通鑑》作「陳璋」，《吳越備史》作「陳章」。

314.《資治通鑑》，卷二百六十三，頁八五八三至八五八四。

315.《資治通鑑》，卷二百六十三，頁八五八七；《吳越備史》，卷一，頁三十四。

316.《吳越備史》，卷一，頁三十四：「王命致犒師錢一百億以送之。」此數字與《資治通鑑》所記的「二十萬緡」不同。

317.《資治通鑑》，卷二百六十三，頁八五八七至八五八八。

318.《資治通鑑》，卷二百六十四，頁八六一七。

319.《吳越備史》，卷一，頁三十七中有一段語意不清的記載：「天祐二年（九〇五）……陳章自稱衢、婺二州刺史，復分兵與淮將許野鶴等，犯我暨陽。野鶴之名，或云許再思，軍中以其多語，故號之。而與徐綰同惡者，乃諸萬成，慕野鶴，故號其名焉。淮人嘗致書于王，曰暨事，書中俱萬成之名，又非許再思也，是其驗矣！」「諸」字或應作「許」字。

320.《九國志》，卷三，頁二。

321.秀州為錢傳瓘時所增置，見《十國春秋》，卷一百十二，頁十三，地理表下。錢鏐時尚無秀州。

322.《吳越備史》，卷一，頁二十六。

323.《吳越備史》，卷一，頁二十八。

324.《吳越備史》，卷四，頁六。

325.《吳越備史》，卷一，頁三十八。

326.《吳越備史》，卷一，頁二十七。

327.《資治通鑑》，卷二百五十五，頁八三〇三；《吳越備史》，卷一，頁六。

328.《吳越備史》，卷一，頁二十三至二十四。

329.《吳越備史》，卷一，頁二十三至二十四：「［乾寧三年（八九六）］，安仁義由南蕩復率餘黨攻東陽，刺史王壇堅壁自固。」《吳越備史》，卷一，頁二十四：「四年（八九七）正月……王命行軍司馬杜稜、都監使吳璋率兵救東陽。」東陽為婺州屬縣，但落入錢鏐的手中，故《吳越備史》，卷一，頁二十七記：「［光化元年（八九八）九月］，婺州刺史王壇遣將攻東陽，王命使論之，息民故也。」《吳越備史》，卷一，頁二十九：「［光化三年（九〇〇）九月］，王至東陽，而鎮將王永伏誅。永，東陽人也，在鎮治城壁置鼓角，粧樓舞榭，甍棟相接，又妥妖妄，立石瑞亭，將規本郡，及王壇攻之，王以前年委民為安仁義所撓，王故遣使論之壇罷抚，將追永歸于府城，而壇不從命，故伐之，事平，今責永以不敬，故斬之以謝百姓也。」

330.《吳越備史》，卷一，頁二十八；《資治通鑑》，卷二百六十一，頁八五一九。

331.《吳越備史》，卷一，頁二十九。

332.《吳越備史》，卷一，頁二十九至三十。

333.《資治通鑑》，卷二百六十，頁八四七八。

334.《吳越備史》，卷一，頁二十八至二十九。

335.《吳越備史》，卷一，頁四十二至四十三。

336.《資治通鑑》，卷二百五十四，頁八二五九。

337.《吳越備史》，卷一，頁三十二。

338.《資治通鑑》，卷二百五十四，頁八二六〇。

339.《資治通鑑》，卷二百六十三，頁八五八八。

340.《吳越備史》，卷一，頁三十八；又《新唐書》，卷一百八十六，頁五四一八。

341.《吳越備史》，卷一，頁三十五。

342.《資治通鑑》，卷二百六十四，頁八六二一。

343.《資治通鑑》，卷二百六十四，頁八六二二。

344.《資治通鑑》，卷二百六十四，頁八六二九。

345.《資治通鑑》，卷二百六十四，頁八六三二。

346.《資治通鑑》，卷二百六十五，頁八六五二。

347.《吳越備史》，卷一，頁三十九。

348.《資治通鑑》，卷二百六十五，頁八六三八；《吳越備史》，卷一，頁三十九。

349.《資治通鑑》，卷二百六十五，頁八六四〇。

350.《十國春秋》，卷八十四，頁六。

351.《資治通鑑》，卷二百六十五，頁八六四二。

352.《資治通鑑》，卷二百六十五，頁八六四五。

353.《吳越備史》，卷一，頁三十七。

354.《十國春秋》，卷八十五，頁十。

355.《資治通鑑》，卷二百六十五，頁八六四七。

356.《吳越備史》，卷一，頁三十七。

357.《資治通鑑》，卷二百六十五，頁八六五五。

358.《資治通鑑》，卷二百六十五，頁八六五六。

359.《資治通鑑》，卷二百六十五，頁八六五七。

360.《吳越備史》，卷一，頁三十九。

361.《資治通鑑》，卷二百六十五，頁八六六一。

362.《吳越備史》，卷一，頁三十九。

363.呂思勉《隋唐五代史》，頁五四四。

364.王夫之《讀通鑑論》，卷二十八，頁一〇二四。

365.《吳越備史》，卷一，頁三十五。

366.《資治通鑑》，卷二百六十五，頁八六四五。

367.《資治通鑑》，卷二百六十六，頁八六七〇。

368.《資治通鑑》，卷二百六十六，頁八六七二。

369.《吳越備史》，卷一，頁四十至四十一。

370.《吳越備史》，卷一，頁四十。

371.《吳越備史》，卷一，頁四十六至四十七；《資治通鑑》，卷二百六十七，頁八七一七。

372.《吳越備史》，卷一，頁四十七；《資治通鑑》，卷二百六十七，頁八七二〇至八七二一。

373.《吳越備史》，卷一，頁四十八至四十九；《資治通鑑》，卷二百六十七，頁八七二六至八七二七。

374.《資治通鑑》，卷二百六十八，頁八七四六。

375.《吳越備史》，卷一，頁五十二；《資治通鑑》，卷二百六十八，頁八七七一。

376.《資治通鑑》，卷二百七十七，頁九〇六六。

377.《資治通鑑》，卷二百六十六，頁八六七六。

378.《吳越備史》，卷一，頁四十。

379.《讀通鑑論》，卷二十八，頁一〇一五。

380.《讀通鑑論》，卷二十八，頁一〇一九。

381.《資治通鑑》，卷二百六十六，頁八六八〇；《吳越備史》，卷一，頁四十一。

382.《資治通鑑》，卷二百六十六，頁八六八四。

383.《新五代史》，卷二十三，頁二三八。

384.《資治通鑑》，卷二百六十五，頁八六六四。

385.《資治通鑑》，卷二百六十七，頁八七〇三。

386.《資治通鑑》，卷二百六十七，頁八七〇六。

387.《資治通鑑》，卷二百六十六，頁八六八七。

388.《資治通鑑》，卷二百六十六，頁八六八九。

389.《資治通鑑》，卷二百六十七，頁八七〇八至八七〇九。

390.《資治通鑑》，卷二百六十七，頁八七一四至八七一五。

391.《資治通鑑》，卷二百六十七，頁八七一五。

392.《資治通鑑》，卷二百六十八，頁八七六〇。

393.《資治通鑑》，卷二百六十八，頁八七六七。

394.《資治通鑑》，卷二百六十八，頁八七七一。

395.《資治通鑑》，卷二百六十八，頁八七七一至八七七二。

396.《資治通鑑》，卷二百六十八，頁八七七二至八七七三。

397.《資治通鑑》，卷二百六十八，頁八七七六。

398.《資治通鑑》，卷二百六十八，頁八七七八。

399.《資治通鑑》，卷二百六十九，頁八七七九至八七八〇。

400.《資治通鑑》，卷二百六十九，頁八八〇三。

401.《資治通鑑》，卷二百七十，頁八八二四。

402.《資治通鑑》，卷二百七十，頁八八三三。

403.《資治通鑑》，卷二百七十，頁八八三六至八八三七。

404.《資治通鑑》，卷二百七十，頁八八四三。

405.《資治通鑑》，卷二百七十，頁八八四四。

406.《資治通鑑》，卷二百七十，頁八八四六。

407.《資治通鑑》，卷二百七十，頁八八四六至八八四七。

408.《資治通鑑》，卷二百七十，頁八八四九。

409.《讀通鑑論》，卷二十八，頁一〇三一。

410.《讀通鑑論》，卷二十八，頁一〇二四。

411.《資治通鑑》，卷二百七十，頁八八四九。

412.《通鑑釋文辯誤》，卷十二，頁一七五。（世界）

413.《資治通鑑》，卷二百七十，頁八八四九。

414.《資治通鑑》，卷二百七十，頁八八四九。

415.《資治通鑑》，卷二百七十四，頁八九七一。

416.《吳越備史》，卷一，頁二十五。

417.《資治通鑑》，卷二百七十二，頁八八八〇。

418.《資治通鑑》，卷二百七十二，頁八九〇八。

419.《舊五代史》，卷一百三十三，頁一七六八；《資治通鑑》，卷二百七十三，頁八九二六。

420.《吳越備史》，卷一，頁六十六。

421.《舊五代史》，卷一百三十三，頁一七六八；《資治通鑑》，卷二百七十六，頁九〇三二至九〇三三。

422.《資治通鑑》，卷二百七十七，頁九〇四八。

423.《資治通鑑》，卷二百七十七，頁九〇五八。

424.《舊五代史》，卷一百三十三，頁一七七〇。

425.《資治通鑑》，卷二百七十四，頁八九五四。

426.《資治通鑑》，卷二百七十四，頁八九七一。

427.《資治通鑑》，卷二百七十六，頁九〇三四。

428.《新五代史》，卷七十一，頁八七三。

429.《資治通鑑》，卷二百七十五，頁八八九七。

430.《資治通鑑》，卷二百七十五，頁八八九七至八八九八。

431.《新五代史》，卷七十一，頁八七七。

432.宋王應麟《玉海》，卷十三，頁十二至三十二。（慶元路儒學刊本）

433.《十國春秋》，卷一百九十·十國紀元表，頁一。

434.《十國春秋》，凡例，頁二。

435.《十國春秋》，卷七十八，頁三十一至三十二。

436.《舊五代史》，卷一百三十三，頁一七六九。

437.《新五代史》，卷七十一，頁八七三。

438.《資治通鑑》，卷二百七十七，頁九〇六六。

439.《資治通鑑》，卷二百六十，頁八四八五。

440.《讀通鑑論》，卷二十九，頁一〇五四至一〇五五。

441.《吳越備史》，卷一，頁六十五。

442.《舊五代史》，卷一百三十三，頁一七六七至一七六八。

443.《吳越備史》，卷一，頁六十五至六十六。

444.孫光憲，《北夢瑣言》，卷五，頁八。（雅雨堂藏書）

445.《舊五代史》，卷一百三十三，頁一七七一。

446.《舊五代史》，卷一百三十三，頁一七七一。

447.《舊五代史》，卷一百三十三，頁一七七一。

448.《吳越備史》，卷一，頁六十六。

449.《吳越備史》，卷一，頁六十六。

450.《舊五代史》，卷一百三十三，頁一七七一。

451.《舊五代史》，卷一百三十三，頁一七七一。

452.《舊五代史》，卷一百三十三，頁一七七一至一七七二：「梁開平中，浙民上言，請為鏐立生祠，梁太祖許之，令翰林學士李琪撰生祠堂碑以賜之。」

453.《經進東坡文集事略》，卷五十五，頁三一三，錢氏表忠觀碑。（《四部叢刊》）

454.《宋史》，卷四百三十六，頁八。（藝文）

吳越國的第二代君主——錢傳瓘（887～941）

一、引言

五代十國中吳越國立國有八十六年，時間最久，其他各割據國，第一代創業主尚可，但很多到第二代國就亡了，或是出了問題引起戰亂，甚至被篡奪，如楊氏的吳、馬氏的楚、王氏的前蜀、孟氏的後蜀等皆是例子。也有王氏的閩，頂多撐到第三代的繼承還是出了毛病。只有吳越國創業主錢鏐擇人允當，第二代君主錢傳瓘，謹慎地保國守業，並且承先啟後，和平地再傳給第三代。

第一代君王武肅王錢鏐死於後唐明宗長興三年（九三二），第二代文穆王錢傳瓘守國的這一段時間（九三二～九四一），正是北方戰亂頻仍，石晉取代後唐的內亂，繼而契丹入侵中原，大振盪時期。不過吳越的大敵徐氏吳，卻與吳越和平相處。因自後梁末帝貞明五年（九一九），常州戰後，雙方不再交兵，傳瓘當國時，正是處於一個和平狀態，吳越政情較鄰國安定，政治亦較上軌道，傳瓘能善守父親不稱帝的事大政策，延長國祚，保境安民，頗知亂世進退之道。《十國春秋》評：「其恪遵治命，保慎名器，足守一代之霸業焉。」[1]，這是定評。

二、錢傳瓘的身世

錢傳瓘字明寶，襲位後改名元瓘，錢鏐的第七子，生於唐

僖宗光啟三年（八八七），雖然史書上記載：「母陳氏……生傳瓘於杭州東院，先是有僧持玉羊大可數寸，獻武肅王（錢鏐），且曰『得此當生貴兒。』傳瓘果以歲丁未生焉。」[2]

不過以上的說法是靠不住的，傳瓘之所以能獲得繼承權，要從唐昭宗天復二年（九〇二）說起，這一年傳瓘十五歲，錢鏐經歷了他一生中最大的一次政治危機，親兵武勇都軍叛變，引宣州田頵，合兵圍攻杭州。這一段史實具見於《資治通鑑》中：

「或勸錢瓘渡江東保越州，以避徐、許之難。杜建徽按劍叱之曰：『事或不濟死於此，豈可復東渡乎！』鏐恐徐綰等據越州，遣大將顧全武將兵戍之。全武曰：『越州不足往，不若之廣陵。』鏐曰：『何故？』對曰：『聞綰等謀召田頵；田頵至，淮南助之，不可敵也。』建徽曰：『孫儒之難，王嘗有德於楊公，今往告之，宜有以相報。』鏐命全武告急於楊行密，全武曰：『徒往無益，請得王子為質。』鏐命其子傳璙為全武僕，與偕之廣陵，且求婚於行密。過潤州，團練使安仁義愛傳璙清麗，將以十僕易之，全武夜半略閽者逃去。綰等果召田頵，頵引兵赴之，先遣親吏何饒謂鏐曰：『請大王東如越州，空府廨以相待，無為殺士卒！』鏐報曰：『軍中叛亂，何方無之！公為節帥，乃助賊為逆。戰則亟戰，又何大言！』頵築壘絕往來之道，鏐患之，募能奪其地者賞以州。衢州制置史陳章將卒三百出城奮擊，遂奪其地，鏐即以為衢州刺史。顧全武至廣陵，說楊行密曰：『使田頵得志，必為王患。王召頵還，錢王請以子傳璙為質，且求婚。』行密許之，以女妻傳璙。[3]田頵急攻杭州，仍具舟將自西陵渡江；錢鏐遣其將盛造、朱郁拒破之。楊行密使人召田頵曰：『不還，吾且使人代鎮宣州。』庚

辰，顥將還，徵犒軍錢二十萬緡於錢鏐，且求鏐子為質，將妻以女，鏐謂諸子曰：『孰能為田氏婿者？』莫對。鏐欲遣幼子傳球，傳球不可。鏐怒，將殺之。次子（其實是第七子），傳瓘請行，吳夫人泣曰：『奈何置兒虎口！』傳瓘曰：『紓國家之難，安敢愛身！』再拜而出，鏐泣送之。傳瓘從數人縋北門而下。顥與徐綰、許再思同歸宣州。鏐奪傳球內牙兵印。」[4]

胡三省在《資治通鑑》中註：「當此之時，錢鏐置後之意，固以屬於傳瓘矣！」[5]此一說法尚有待商榷，因傳瓘質吳，也為國立功，見諸後來，錢鏐是以傳瓘、傳瓘兩人分別統兵的，從兩人中再擇一更優者。有一次傳瓘就曾對傳瓘說過：「此兄之位也，而小子居之，兄之賜也。」[6]傳瓘最後之所以能取得繼承權，是跟其後來的立功有關。

三、錢傳瓘取得繼承權的經過

傳瓘質宣，傳瓘質吳，兩人所受的待遇並不一樣，楊行密善待傳瓘，兩年後（九○四）就「遣錢傳瓘及其婦并顧全武歸錢塘。」[7]傳瓘的遭遇則坎坷許多了。唐昭宗天復三年（九○三），田顥與楊行密反目，田顥失敗被殺，《新五代史》記載傳瓘：「少為質於田顥。顥叛於吳，楊行密會越兵攻之，顥每戰敗歸，即欲殺元瓘（傳瓘），顥母常蔽護之。後顥將出，語左右曰：『今日不勝，必斬錢郎。』是日顥戰死，元瓘得歸。」[8]《資治通鑑》也記載：

「初，顥每戰不勝，輒欲殺錢傳瓘，其母及宣州都虞侯郭

師從常保護之。師從，合肥人，頵之婦弟也。頵敗，傳瓘歸杭州，錢鏐以師從為鎮東都虞侯。」[9]

　　傳瓘此時纔十五歲，頵母自然愛憐孫女婿。田頵之叛，使得楊行密與錢鏐暫時修好，結果兩個為質的兒子都能返浙。但鏐早年用兵，還是依賴諸弟，因當時兒輩均年幼，要在以後才得方面大任，錢鏐培養繼承人，是非常地小心謹慎，起用弟輩的例子如下：[10]

1. 唐昭宗天復三年（九○三），鏐遣從弟鎰屯宣州。[11] 天祐二年（九○五），兩浙兵圍陳詢於睦州，楊行密遣西南招討使陶雅將兵救之；……錢鏐遣其從弟鎰及指揮使顧全武、王球禦之，為雅所敗，虜鎰及球以歸。[12]

2. 繼而用弟錢鏢，昭宣帝天祐二年（九○五），淮南將陶雅會衢、睦兵攻婺州，錢鏐使其弟鏢將兵救之。[13] 梁開平三年（九○九），淮南兵圍蘇州……吳越王鏐遣牙內指揮使錢鏢、行軍副使杜建徽等將兵救之。[14] 同年，湖州刺史高澧性兇忍，……吳越王鏐欲誅之，戊辰，澧以州叛附於淮南，舉兵焚義和臨平鎮，鏐命指揮使錢鏢討之。[15] 開平四年（九一○），吳越王鏐巡湖州，以錢鏢為刺史。[16] 但錢鏢後來出了問題，梁乾化元年（九一一），湖州刺史錢鏢酗酒殺人，恐吳越王錢鏐罪之，……殺都監潘長、推官鍾安德，奔於吳。[17] 諸弟既不可恃，兒子們已漸長成，可以獨當一面了，乃改以子統兵。

　　錢鏐有子三十三人，[18] 實際統兵的只有十一人，而在諸子之中，錢鏐特重傳瑛、傳璙、傳瓘等三人。三子傳瑛年最長，[19] 也對吳越有功，天復二年（九○二），武勇都軍叛變時，傳瑛與三

城都指揮使馬綽、牙將陳為等閉門拒之，時城中有錦工二百餘人，皆為潤人，傳瑛慮其為變，乃命曰：「王命百工，悉免今日工作。」遂放出城。錢鏐以其權變多智，大加讚賞。[20] 傳瑛性英敏，頗尚儒學，聚書千卷，善草隸，亦善騎射。[21] 天祐四年（九〇七），唐哀帝召傳瑛為駙馬尚壽昌公主，但未及成婚，傳瑛卒於梁乾化三年（九一三）十月，得年三十六，如他不死，錢鏐可能會立他。[22] 其次，六子傳璙也為錢鏐所考慮，鏐嘗說：「吾嘗欲以傳璙婚楊氏。」而見吳王楊行密時，傳璙指陳逆順之理，行密為之動容，遂以女妻之。傳璙儀狀瑰傑，風神俊邁，性儉約而恭靖。[23] 所以傳瓘是需要立功，方能通過考驗，取得繼承權，在諸子統兵立功之時，有下列事實：

1. 鎮海、鎮東節度使吳王錢鏐遣其子傳璙、傳瓘討盧佶於溫州。[24] 盧佶聞錢傳璙等將至，將水軍拒之於青澳。錢傳瓘曰：「佶之精兵盡在於此，不可與戰。」乃自安固捨舟，間道襲溫州。戊午，溫州潰，擒佶斬之。吳王鏐以都監使吳璋為溫州制置使，命傳璙等移兵討盧約於處州。[25] 梁開平元年（九〇七），盧約以處州降吳越。[26]

2. 梁乾化三年（九一三），吳行營招討使李濤帥眾二萬出千秋嶺，攻吳越衣錦軍，吳越王鏐以其子湖州刺史傳瓘為北面應援指揮使以救之。睦州刺史傳璙為招討收復都揮指揮使，將水軍攻吳東州以分其兵勢。[27] 這一場戰役的結果是傳瓘破淮南軍，千秋嶺山道險陝，傳瓘使人伐木，以斷吳軍歸路，設三覆以待之，虜其將李濤及偏將咸知進等八千餘人兵甲生口。傳璙亦獲敵將李師愈、姚延環等三千餘人而還。[28] 當初徐知誥亦在軍中，與傳瓘騎相逼，幾為吳越軍所獲，知誥易服乘白騾脫去，降其

裨將曹筠。[29]

3. 以上兩次軍事行動，還看不出錢鏐是選傳璙抑是傳瓘？但第三次立功的情況則就不同了。同年（九一三），吳遣宣州副指揮使花虔將兵會廣德鎮遏使渦信屯廣德，將復寇衣錦軍，吳越錢傳瓘就攻之，拔廣德，虜花虔、渦信以歸。[30]這是單獨的軍功。

4. 按傳璙、傳瓘兩人均有戰功，初期兩子均統兵，但梁乾化三年（九一三），常州之戰失敗之後，傳璙才退出統兵。吳越王錢鏐遣其子傳瓘、傳璙及大同節度使傳瑛攻吳常州，營於潘葑。徐溫曰：「浙人輕而怯，」帥諸將倍道赴之。至無錫，黑雲都將陳佑言於溫曰：「彼謂吾遠來罷倦，未能決戰，請以所部乘其無備擊之。」乃自他道出敵後，溫以大軍當其前，夾攻之，吳越大敗，斬獲甚眾。[31]傳瓘指揮軍事似是優於其他兄弟，因梁末帝貞明四年（九一八），錢傳球將兵二萬攻信州，而信州兵才數百，但吳越兵仍然攻不下。[32]顯見傳球陣仗不行。

5. 梁貞明五年（九一九），詔吳越王鏐大舉討淮南，鏐以節度副大使傳瓘為諸軍都指揮使，帥戰艦五百，自東洲擊吳，吳遣舒州刺史彭彥章及裨將陳汾拒之。[33]錢傳瓘與彭彥章遇；傳瓘命每船皆載灰、豆及沙，乙巳，戰於狼山江。吳船乘風而進，傳瓘引舟避之。既過，自後隨之。吳船回與戰，傳瓘使順風揚灰，吳人不能開目，及船舷相接，傳瓘使散沙於己船而散豆於吳船，豆為戰血所漬，吳人踐之皆僵仆。傳瓘因縱火焚吳船，吳兵大敗。彥章戰甚力，兵盡，繼之以木，身被數十創，陳汾按兵不救，彥章知不免，遂自殺。傳瓘俘吳裨將七十人，斬首千餘級。吳人誅汾，籍沒家貲，以其半賜彥章家，稟其妻子終身。[34]

6. 傳璙雖歷著戰功，但同年七月，再攻常州，遇上徐溫親自督
軍，卻吃了一次慘重的敗仗。吳越王鏐遣錢傳璙將兵三萬攻吳
常州，徐溫率諸將拒之，右雄武統軍陳璋以水軍下海門出其
後。壬申，戰于無錫。會溫病熱，不能治軍，吳越攻中軍，飛
矢雨集，鎮海節度判官陳彥謙遷中軍旗鼓于左，取貌類溫者，
擐甲冑，號令軍事，溫得少息；俄頃，疾稍間，出拒之。時久
旱草枯，吳人乘風縱火，吳越兵亂，遂大敗，殺其將何逢、吳
建，取首萬級。傳璙遁去，追至山南，復敗之。陳璋敗吳越于
香灣。[35]

不過這一次激烈的戰爭，卻為兩國二十多年的爭戰劃上了休
止符，徐溫未乘勝追擊，反而接受和議，貞明五年（九一九）八
月，吳徐溫遣使以吳王書歸無錫之俘於吳越，吳越王鏐亦遣使請
和於吳。[36] 後梁末帝龍德三年（九二三），梁帝終於冊命吳越王
為吳越國王，並以清海節度使兼侍中傳璙為鎮海、鎮東留後，總
軍府事。傳璙乃正式成為錢鏐的繼承人。[37]

四、錢傳璙如何成為吳越國君主

早在梁開平元年（九○七），朱溫就封錢鏐為吳越王[38]，但
仍屬後梁藩鎮，並未建國。梁末帝敗亡的那一年（九二三），
梁正式冊命錢鏐為吳越國王。鏐始建國，儀衛名稱多如天子之
制，謂所居曰宮殿，府署曰朝廷，將吏皆稱臣，惟不改元，表
疏稱吳越國而不言軍，（以建國，不肯復稱鎮海、鎮東軍節度
使）……置百官，有丞相、侍郎、侍中、郎中、員外郎、客省
使等。[39] 本來按地盤而論，錢鏐是該稱越王即可，但他痛恨潤、

常兩州為吳所奪，於是硬要在越之前加一個吳字，變成了吳越。[40]這一點也是與吳成仇爭戰不休的原因之一。朱溫以吳越王鏐兼淮南節度使，其目的更是希望兩浙助其攻淮南。

梁亡後，吳越王鏐復修本朝職貢（錢鏐本唐臣，唐亡事梁，梁亡復事唐，故云復修本朝職貢），帝（莊宗）因梁官爵而命之。鏐厚貢獻，幷賂權要，求金印、玉冊、賜詔不名、稱國王。有司言：「故事惟天子用玉冊，王公皆用竹冊；又非四夷，無封國王者。」帝皆曲從鏐意。[41]吳始終就不承認吳越國，鏐接受後唐封號後，嘗遣使者沈瑶致書，以受玉冊、封吳越國王告於吳，吳人以其國名與己同，不受書，遣瑶還。仍戒境上無得通吳越使者及商旅。[42]徐溫死前一年（九二六），亦曾有過再動兵吳越的念頭。後唐明宗天成四年（九二九），鏐遺徐知詢金玉鞍勒、器皿，皆飾以龍鳳；知詢不以為嫌，乘用之。[43]鏐之用意在離間徐知誥、徐知詢兄弟，可知錢鏐根本不相信吳越與吳之間和平的穩定性，除南方有一小塊與閩國接壤外，吳越全境都在吳的包圍之下，鏐知光戰戰兢兢是不夠的，吳越立國必須要得到北方大國的支持與奧援。[44]

天成元年（九二六），吳越王鏐有疾，如衣錦軍，命鎮海、鎮東留後傳瓘監國。[45]天成三年（九二八），吳越王鏐欲立中子傳瓘為嗣，謂諸子曰：「各言汝功，吾擇多者而立之。傳瓘兄傳（璹）、傳璙、傳璟皆推傳瓘，乃奏請兩鎮授傳瓘，詔以傳瓘為鎮海、鎮東節度使。[46]傳瓘的繼承權是受到諸兄弟的支持，尤其是傳璙的支持，傳璙曾說：「先王擇賢而立之，君臣位定，元（傳）璙知忠順而已。」[47]錢鏐諸子也確以傳瓘才最高，功亦最大。

　　錢鏐半生戎馬，歷經艱難，創建吳越國著實不易，受封國王時，年已七十二歲，晚年「諸國之主無不咸以父兄事之。」[48]居國不免好自大，朝廷使者曲意奉之，則遺贈豐厚，不然則禮遇疏薄。唐明宗即位之初，安重誨用事，鏐嘗與安重誨書，辭禮頗倨，云「吳越國王謹致書於某官執事」，不敘寒暄，重誨怒其無禮，適遣供奉官烏昭遇、韓玫使吳越，玫奏：「昭遇見鏐，稱臣拜舞，謂鏐為殿下，及私以國事召鏐。」重誨奏賜昭遇死，因削鏐元帥、尚父、國王之號，以太師致仕，凡吳越進奏官、使者、綱吏，令所在繫治之，鏐令子傳瓘等上表訟冤，皆不省。[49]明宗長興元年（九三〇）十月，鏐因朝廷冊封閩王使者裴羽還，附表引咎，其子傳瓘及將佐屢為鏐上表自訴。敕聽兩浙綱使自便。[50]長興二年（九三一）三月，安重誨失權，復以錢鏐為天下兵馬都元帥、尚父、吳越國王，遣監門上將軍張籛往諭旨，以曩日致仕，安重誨矯制也。[51]

　　錢鏐所以肯如此低聲下氣，主要還是基於一個戰略理由，就是不放心吳，錢傳瓘代父上表給後唐明宗，說得很老實：

　　「且臣本道，與淮南雖連疆畛，久結仇讎，交惡尋盟，十翻九覆，縱敵已逾於三紀，弭兵纔僅於數年，諒非唇齒之邦，真謂腹心之疾。……儻王師之問罪，願率眾以齊攻，必致先登，庶觀後效。橫秋雕鶚，祇待指乎，躍匣蛟龍，誓平讎隙。」[52]

　　錢鏐死於長興三年（九三二）三月，享年八十一歲。雖已內定七子傳瓘為繼承人，但鏐死之前，還來了一次戲劇化的談話。鏐疾篤，謂將吏曰：「吾疾必不起，諸兒皆愚懦，誰可為帥者？」眾泣曰：「兩鎮令公（天成三年〔九二八〕，錢鏐以

鎮海、鎮東兩鎮授傳瓘，朝廷又加中書令）仁孝有功，孰不愛戴！」鏐乃悉出印鑰授傳瓘，曰：「將吏推爾，宜善守之。」又曰，「子孫善事中國，勿以易姓廢事大之禮。」[53] 傳瓘雖嗣國，但長興四年（九三三），後唐賜傳瓘爵吳王。[54] 次年，（九三四），閔帝即位後，才改封傳瓘為吳越王。[55]

五、錢傳瓘如何守國

長興三年（九三二），傳瓘與兄弟同幄行喪，內牙指揮使陸仁章曰：「令公嗣先王霸業，將吏旦暮趨謁，當與諸公子異處。」乃命主者更設一幄，扶傳瓘居之，告將吏曰：「自今惟謁令公，禁諸公子從者無得入。」晝夜警衛，未嘗休息。鏐末年左右皆附元瓘，獨仁章數以事犯之。至是，傳瓘勞之，仁章曰：「先王在位，仁章不知事令公，今日盡節，猶事先王也。」傳瓘嘉歎久之。[56] 傳瓘既襲位，更名元瓘，兄弟名「傳」者皆更為「元」。以遺命去國儀，用藩鎮法；除民田荒絕者租稅。命處州刺史曹仲達權知政事。置擇能院，掌選舉殿最，以浙西營田副使沈崧領之。內牙指揮使富陽劉仁杞及陸仁章久用事，仁章性剛，仁杞好毀短人，皆為眾所惡。一日，諸將共詣府門請誅之；元瓘使從子仁俊諭之曰：「二將事先王久，吾方圖其功，汝曹乃欲逞私憾而殺之，可乎？吾為汝王，汝當稟吾命；不然，吾當歸臨安以避賢路！」眾懼而退，乃以仁章為衢州刺史，仁杞為湖州刺史。中外有上書告訐者，元瓘皆置不問，由是將吏輯睦。[57]

史載傳瓘與兄輩和睦，尤與傳璙特為親愛，但對弟輩則不然，梁貞明二年時（九一六）時，錢鏐為與閩國通好，曾為子

傳珦迎娶於閩，時傳珦為吳月牙內先鋒都指揮使。[58] 長興四年（九三三），順化節度使、同平章事、判明州錢傳珦驕縱不法，每請事於王府不獲，輒上書悖慢。嘗怒一吏，置鐵床炙之，臭滿城郭。錢傳瓘遣牙將仰仁詮詣明州召之，仁詮左右慮召傳珦難制，勸為之備，仁詮不從，常服徑造聽事。傳珦見仁詮至，股慄，遂還錢塘，幽於別第。[59] 晉高祖天福二年（九三七），傳珦被囚禁四年之後，傳瓘將之廢為庶人。[60]

傳瓘幼弟傳球也與之不睦，起初傳瓘質宣時，原是要傳球去的，因傳球不願去，所以才改由傳瓘去，為此錢鏐還怒奪傳球內牙印。不過，後來傳球將兵二萬攻信州，傳球還是將過兵的。《資治通鑑》所載的「元（王朮）」可能為「元球」之誤。[61] 初，吳越王少子傳球數有軍功，鏐賜之兵仗。及吳越王傳瓘立，傳球為土客馬步軍都指揮使兼中書令，恃恩驕橫，增置兵杖至數千，國人多附之。傳瓘忌之，使人諷傳球請輸兵杖，出判溫州，傳球不從。銅官廟吏告傳球遣親信禱神，求主吳越江山；又為蠟丸從水竇出入，與兄傳珦謀議。天復二年（九三七）三月，傳瓘遣使者召傳球宴宮中，既至，左右稱傳球有刃墜於懷袖，即格殺之；并殺傳珦。傳瓘欲按諸將吏與傳珦、傳球交通者，其從子仁俊諫曰：「昔光武克王郎，曹公破袁紹，皆焚其書疏以安反側，今宜效之。」傳瓘從之。[62] 傳珦與傳球私德或可議，然謀逆情況不明。後唐清泰元年（九三四），傳球曾約同兄弟四人共貢唐白金七千錠、綾絹七千匹。[63] 傳球意向不明，時傳瓘雖嗣位，但朝廷尚未下詔書，而傳瓘諸子幼弱，傳球或有將來兄終弟及的想法，其時傳瓘也一直有「擇宗人長者立之」的陰影。[64] 所以傳瓘陡下辣手，可能有防患於未然的想法，而正好傳珦、傳球也有不法

的事實，史載「元瓘於兄弟甚厚」、「元瓘篤友悌之義」[65]似乎不是那麼一回事了。殺掉傳瑛、傳球之後，傳瓘復建吳越國，赦境內，立其子弘傳為世子。以曹仲達、沈崧、皮光業為丞相，鎮海節度判官林鼎掌教令。[66]同年十一月，晉詔加吳越王傳瓘為天下兵馬副元帥，進封吳越國王。[67]已完全恢復到錢鏐死前的情況了。

六、錢傳瓘與閩國之戰

　　錢傳瓘與閩國之戰，是其當國時的最大之失策，在錢鏐時代吳越大敵是吳，而非閩，鏐的政策是一方面向北方朝廷稱臣，另一方面則是聯合其他各國共同對付吳，除梁末帝貞明二年（九一六）時，錢鏐為與閩國通好，曾為子傳瑛，逆婦於閩，自是閩與吳越通好；貞明六年（九二〇），錢鏐又為其子傳琇求婚於湖南楚，楚王馬殷許之。[68]

促成傳瓘改變政策的遠因，可能是：

1. 後唐明宗長興三年（九三二），閩主王延鈞託大自負，謀稱帝，表朝廷云：「錢鏐卒，請以臣為吳越王；」[69]

2. 被殺的錢傳瑛婦迎娶自閩。

3. 天福四年（九三九），閩國內戰，閩主王昶被殺，親兵宸衛部戰敗，宸衛餘眾奔吳越，新閩主王延羲以宸衛部弒閩主王昶赴於鄰國。[70]

　　近因則是後晉天福五年（九四〇），閩主王延羲即立，驕淫苛虐，猜忌宗族，多尋舊怨，與其弟建州刺史王延政相攻，於

是建州與福州大戰。二月，閩主王延羲遣統軍使潘師逵、吳行
真將兵四萬擊延政。師逵軍於建州城西，行真軍於城南，皆阻
水置營，焚城外廬舍。延政求救於吳越，吳越王錢傳瓘遣寧國
節度使、同平章事仰仁詮、內都監使薛萬忠將兵四萬救之，丞
相林鼎諫，不聽。三月，師逵分兵三千，遣都軍使蔡弘裔將之
出戰，延政遣其將林漢徹等敗之於茶山，斬首千餘級。王延政
又募敢死士千餘人，潛入潘師逵壘，因風縱火，城上鼓譟以應
之，戰棹都頭建安陳誨殺師逵，眾將皆憤。引兵又攻吳行真寨，
建人未涉水，行真及將士棄營走，死者萬人。延政乘勝取永平、
順昌二城，自是建州之兵始盛。吳越仰仁詮等兵至建州，王延
政以福州兵已敗去，奉牛酒犒之，請班師；仁詮等不從，營於
城之西北。延政懼，復遣使乞師於閩王。閩王以泉州刺史王繼
業為行營都統，將兵二萬救之；且移書責吳越，遣輕兵絕吳越
糧道。會久雨，吳越食盡，延政遣兵出擊，大破之，俘斬以萬
計。仁詮等夜遁。[71] 這一次兵敗，兩浙子弟萬餘人命喪他鄉，而
且一無所獲，不僅使其心情惡劣，更影響到其身體，終於罹病。

七、錢傳瓘的晚年

錢鏐是高壽，享年八十一歲，錢傳瓘只有五十五歲，不如
其父遠甚。主要在有一個偉大的父親，精神壓力太大了：

1. 事武肅王（錢鏐），孝敬小心，嘗常有慚，武肅王性嚴急，每
   召輒須時至，傳瓘乃製闊褲大襪以便之。[72]

2. 武肅王晚年，政事一委傳瓘參決，簿書填積，皆躬親批署，

手為胼胝。復效武肅王故事，置粉盤於榻首，夜有所憶，即書
其上，詣朝以備顧問。[73]

3. 常北征，次平望師，蚊蚋尤甚，左右請施帷帳，傳瓘曰「三
軍皆在此，我獨何避？」竟不許。[74] 這樣太不注意自己身體的
健康了。

4. 武肅王寢疾，一日，出玉帶五賜傳瓘兄弟，命傳瓘先擇之，乃
取其狹小者，武肅王大悅曰：「吾有汝，瞑目無恨矣。」[75] 然
謹慎過度，須處處取悅父親。

5. 傳瓘年三十餘尚無子，初，武肅王錢鏐禁中外畜聲伎，馬夫
人為之請於鏐，鏐喜曰：「吾家祭祀，汝實主之。」乃聽傳瓘
納妾。[76]

傳瓘早年為人質，一度經常過著提心吊膽的生活，以後又
在錢鏐的陰影下成長，所以作風一直低姿態，如「時屬重盜賊
及詐偽誹謗法犯者，必死，王皆力救，獲宥者甚眾。」「凡中
外封章相搆者，積而毀之，悉置不問。」[77] 由于處處要為表率，
親舅陳氏列職不過一戍遏，未嘗為其遷官，只是每加厚賜而
已；妻弟馬充嘗以使役求免，傳瓘於庭責之，並下獄，尋黜於
佶剡溪。[78] 後晉天福五年（九四〇），是傳瓘很不順利的一年，
先是孝獻世子弘僔卒，[79] 繼而對閩作戰失敗，蘇、湖、秀三州
又發大水。[80] 次年（九四一），吳越府署火，宮室府庫幾盡，吳
越王傳瓘驚懼，發狂疾，唐人爭勸唐主乘弊取之，唐主曰：「奈
何利人之災！」遣使唁之。[81] 一個月後，傳瓘就死了。臨終前，
他對十四歲的兒子弘佐能否順利繼位？一無把握。「吳越文穆王
傳瓘寢疾，察內都監章德安忠厚，能斷大事，欲屬以後事，語

之曰：『弘佐尚少，擇宗人長者立之。』德安曰：『弘佐雖少，群下伏其英敏，願王勿以為念！』王曰：「『汝善輔之，吾無憂已。』」傳瓘卒，享年五十五。[82]

八、兩部五代史的論評

歐陽修的《新五代史》論錢傳瓘曰：「元（傳）瓘亦善撫將士，好儒學，善為詩，使其國相沈崧置擇能院，選吳中文士錄用之。然性尤奢僭，好治宮室。」[83]薛居正的《舊五代史》比較右於錢氏，但也云：「元瓘幼聰敏，長於撫馭，臨戎十五年，決事神速，為軍民所附，然奢僭、營造甚於其父，固有回祿之災焉。元瓘有詩千篇，編其尤者三百篇，命曰《錦樓集》，浙中人士皆傳之。」[84]兩者都提到了錢傳瓘「奢」或「僭」；以及「好治宮室」、「營造」這些事。以傳瓘的個性來說，應不致於如此，但為何又有這些論評呢？關於「奢」，或指傳瓘曾貢後唐廢帝李從珂「白金五千鋌，絹五千四。」「九月，王貢唐錦綺五百連，金花食器二千兩，金陵秘色瓷器二百事。」其後又貢晉「金器五百兩，白金一萬兩，吳越異紋綾八千四，金條紗三千四，絹二萬段，錦九萬兩，大茶腦源茶二萬四千斤，又進大排方通犀瑞象腰帶一副。」傳瓘去世前一年還貢晉「金器三百兩，白金八千兩，金條紗五百四，綿五萬兩。」[85]傳瓘不是一個喜歡享受的人，向朝廷入貢，以牽制南唐是吳越的一貫國策，但後貢依然是取之於民的。至於「僭」則是閩人方面的記載，《十國春秋》記：「錢氏五王，惟武肅有改元事，而廟號史所不載，間讀余公綽閩王事跡云：『永隆三年（九四一），吳越世宗文穆王薨。』林仁志王氏啟運圖云：『永隆二年（九四

○），吳越世皇崩，子成宗嗣。』雖二人所紀年歲不同，至廟號稱宗，則二書吻合。似非竟無可據者，今兩浙民間猶謂武肅王為錢太祖，豈當日果實稱宗，而其後漸誨之邪。當闕疑以附夏五郭公之例。」[86] 至於「好治宮室」及「營造」這些事，錢鏐記錄則有之，見《舊五代史》：「《五代史補》：錢鏐封吳越國王後，大興府署，版築斤斧之聲，晝夜不絕，士卒怨嗟，或有中夜潛用白土書於門曰：『沒了期，侵早起，抵暮歸。』鏐一見欣然，遽命書吏亦以白土書數字於其側曰：『沒了期，春衣纔罷又冬衣。』時人以為神輔，自是怨嗟頓息。」[87] 但傳瓘多建祠、廟則有之，見《十國春秋》有十四個例子：[88]

1. 建祠於國城外北山。

2. 重建開元宮，追福於先王也。

3. 王建寺於府城外前百步，起樓號曰奉恩，請寺額於唐。

4. 又建瑞隆院於七寶山。

5. 建先王廟於東府。

6. 新建五廟於城南……王親視五廟。

7. 建相嚴院於國城西。

8. 建淨空院於國城之北山。

9. 又建昭慶律寺。

10. 建世子府於城北。

11. 僧道翊得奇木於前澗，斷為觀世音法身，王命建天竺道場。

12. 又建天長淨心寺於國城。

13. 以世子府為瑤臺院。

14. 建甘露寺於南山。

　　這些「營造」與「回祿之災」是兩回事，故兩部五代史的
這些論評，《十國春秋》皆不取。

九、結言

　　錢傳瓘在位十年，他個性平和，很有教養，跟錢鏐不同，
他能詩文，崇尚儒學。《十國春秋》記他「志量恢廓，識度宏
遠。」五代十國中的吳越國祚較長，跟他能守成有很大的關係。
他雖「少嬰軍旅」，但不好殺，能吃苦耐勞。立國首要在於人
才掌握，唐末大亂，中朝人士多奔邊陲，傳瓘所用的重臣沈崧、
皮光業、林鼎皆外地出身。當然，錢鏐就很發掘及重用人才了，
傳瓘傳承了父親所奠下的基礎，再設置「擇能院」，積極地選
賢士錄用之。《吳越備史》論其：「英毅之資兼仁厚之德，」，
並不過分。

（原文發表於《臺大歷史學報》第二十期，本文已作增補修訂）

註釋

1. 吳任臣《十國春秋》卷七十九,〈文穆王世家〉,頁524。(鼎文版)
2. 吳任臣《十國春秋》卷七十九,〈文穆王世家〉,頁518;又錢儼《吳越備史》,卷二,頁1。(《四部叢刊本》)
3. 司馬光《資治通鑑》,卷二百六十三,頁8583~8584。(世界書局)
4. 《資治通鑑》卷二百六十三,頁8587~8588。
5. 《資治通鑑》卷二百六十三,頁8588。
6. 《資治通鑑》卷二百七十八,頁9086。
7. 《資治通鑑》卷二百六十四,頁8629。
8. 歐陽修,《新五代史》卷六十七,頁841。
9. 《資治通鑑》卷二百六十四,頁8622。
10. 渡邊道夫〈吳越國の支配構造〉,《史觀》第七十六冊,頁46,錢鏐親弟有四,次錡、次鏢、次鐸、次鏵,其餘為從弟。
11. 《資治通鑑》卷二百六十四,頁8621。
12. 《資治通鑑》卷二百六十五,頁8640。
13. 《資治通鑑》卷二百六十五,頁8642。
14. 《資治通鑑》卷二百六十七,頁8708。
15. 《資治通鑑》卷二百六十七,頁8717。
16. 《資治通鑑》卷二百六十七,頁8721。
17. 《資治通鑑》卷二百六十八,頁8746。
18. 吳任臣《十國春秋》卷一百十,〈吳越世系〉,頁719。
19. 《吳越備史》卷一,頁51,傳瓘為長子,正室吳夫人所生。
20. 《吳越備史》卷一,頁51;並見拙著,〈五代吳國的創建者——錢鏐〉,《國立臺灣大學歷史學報》第七期,頁196。
21. 《吳越備史》卷一,頁51;並見《十國春秋》卷第八十三,頁551。
22. 《吳越備史》卷一,頁51;並見《十國春秋》卷第八十三,頁552。《備史》作開平三年(九○九),梁選王子兩浙副使傳瓘為駙馬都尉,似誤。又參考《吳越首府杭州》(杭州歷史叢編)之三,頁6。
23. 吳任臣《十國春秋》,〈文穆王世家〉,卷八十三,頁552~553。
24. 司馬光《資治通鑑》卷二百六十六,頁8670。又頁8645,昭宣帝天祐二年(九○五),處州刺史盧約使其弟佶攻陷溫州。
25. 《資治通鑑》卷二百六十六,頁8672。
26. 《資治通鑑》卷二百六十六,頁8681。
27. 《資治通鑑》卷二百六十八,頁8771。
28. 《十國春秋》,〈文穆王世家〉,卷七十九,頁518及505;《吳越備史》卷二,頁2。
29. 吳任臣《十國春秋》,〈文穆王世家〉,卷七十九,頁518;《吳越備史》卷二,頁2。並參考諸葛計編,《吳越史事編年》,頁144。(浙江古籍出版社)
30. 《資治通鑑》卷二百六十八,頁8772~8773。
31. 《資治通鑑》卷二百六十八,頁8776。
32. 《資治通鑑》卷二百七十,頁8833。
33. 《資治通鑑》卷二百七十,頁8843。
34. 《資治通鑑》卷二百七十,頁8844。
35. 《資治通鑑》卷二百七十,頁8846。
36. 《資治通鑑》卷二百七十,頁8849。
37. 《資治通鑑》卷二百七十二,頁8880。
38. 《資治通鑑》卷二百六十六,頁8680。
39. 《資治通鑑》卷二百七十二,頁8880。
40. 《吳越備史》,卷一,天成三年(九二八)夏六月條:「都會堂,及白太傅居易之虛白堂基也,王重建之,號八會亭,江東羅隱為之記,以王平吳、定越、講武、計議凡八會於此。後更名都會堂也。」頁62;栗原彭信解釋此「平吳」、「定越」即吳越國名由來。參考渡邊道夫,〈吳越國の支配構造〉,頁51。
41. 《資治通鑑》卷二百七十三,頁8926。
42. 《資治通鑑》卷二百七十四,頁8954。
43. 《資治通鑑》卷二百七十六,頁9034。
44. 拙著,〈五代吳越國的創建者——錢鏐〉,頁209
45. 《資治通鑑》卷二百七十四,頁8971。
46. 《資治通鑑》卷二百六十六,頁9022。
47. 《資治通鑑》卷二百六十三,頁8588。
48. 《吳越備史》卷一,頁66。
49. 《舊五代史》,卷一百三十三,頁1768;《資治通鑑》卷二百七十六,頁9022~9033。

50.《資治通鑑》卷二百七十七，頁9048。

51.《資治通鑑》卷二百七十七，頁9058。

52.《舊五代史》，卷一百三十三，頁1770。

53.《資治通鑑》卷二百七十七，頁9065~9066。

54.《資治通鑑》卷二百七十八，頁9085。

55.《資治通鑑》卷二百七十七，頁9100。

56. 陸仁章出身微賤，見《資治通鑑》，開平
三年(九○九)條:「吳越王鏐嘗遊府園，
見園卒陸仁章樹藝有智而志之；及蘇州被
圍，使仁章通信入城，果得報而返。鏐以
諸孫畜之，卒獲其用。」

57.《資治通鑑》卷二百七十七，頁9066~9067。

58.《資治通鑑》卷二百六十九，頁8808。

59.《資治通鑑》卷二百七十八，頁9098。

60.《資治通鑑》卷二百八十一，頁9169。

61.《資治通鑑》卷二百八十一，頁9171。「《考
異》曰:《晉高祖實錄》、《十國紀年》作
《元球》，今從《吳越備史》、《九國志》。
按前者應為正。」今仍依後記。

62.《資治通鑑》卷二百八十一，頁9171。

63.《十國春秋》〈文穆王世家〉卷七十九，
頁520。

64.《資治通鑑》卷二百八十二，頁9227。

65.《資治通鑑》卷二百七十八，頁9085~9086。

66.《資治通鑑》卷二百八十一，頁9172。

67.《資治通鑑》卷二百八十一，頁9184。

68.《資治通鑑》卷二百七十一，頁8861。

69.《資治通鑑》卷二百七十七，頁9073。

70.《資治通鑑》卷二百八十二，頁920~9206。

71.《資治通鑑》卷二百八十二，頁9211~9213。

72.《十國春秋》〈文穆王世家〉，卷七十九，
頁523。

73.《資治通鑑》卷二百六十九，頁8808。

74.《十國春秋》〈文穆王世家〉，卷七十九，
頁524。

75.《資治通鑑》卷二百八十一，頁9169。

76.《資治通鑑》卷二百八十二，頁9208。

77.《十國春秋》〈文穆王世家〉，卷七十九，
頁523~524。

78.《吳越備史》卷二，頁14。

79.《資治通鑑》卷二百八十二，頁9213。

80.《資治通鑑》卷二百六十九，頁8808。

81.《資治通鑑》卷二百八十二，頁9226。

82.《資治通鑑》卷二百八十二，頁9227。

83.《新五代史》卷六十七，頁841。

84.《舊五代史》卷一百三十三，頁1733。

85. 吳任臣《十國春秋》卷七十九，〈文穆王
世家〉，頁520~523。

86. 吳任臣《十國春秋》卷七十九，〈文穆王
世家〉，頁524。

87.《舊五代史》，卷一百三十三，頁1775

88. 吳任臣《十國春秋》卷七十九，〈文穆王
世家〉，頁518~524。

吳越國的第三代—守成時期的兩位君主
錢弘佐（928～947）、
錢弘倧（928～971）兩兄弟

一、前言

　　吳越國的第二代君主錢傳瓘卒於後晉高祖天福六年（九四一），當時吳越國立足兩浙，已相當穩定，弘佐、弘倧、弘俶三兄弟先後繼位。雖有政爭，但無礙大局，三兄弟均能恪守祖業，對內保境安民，對外奉北方朝廷正朔，在五代亂世，謹守東南一片淨土。弘佐在位七年，弘倧在位還不到半年，弘俶在位最久長達三十一年。宋太宗太平興國三年（九七八）五月，錢弘俶上表納土，兵不血刃，兩浙復歸中國。在中國歷史發過程中，甚具意義。

二、錢弘佐的身世

　　錢弘佐是錢鏐的孫子，這一位第三代開始的繼承人，也是吳越國全盛時期的君主，他在位雖僅有七年，但對內保國安民，勤政恤眾，完成吳越世襲的統治與傳承；對外則擴張吳越國版圖，擊敗南唐，得到閩國的福州。不僅洗雪父親錢傳瓘曾在福建用兵失敗的恥辱，而且比祖父錢鏐建國時的十二州，更多得一州。在他當政的七年中（九四一～九四七），北方正逢契丹入

侵中原，生民塗炭之時，而南方閩國也陷於內戰，百姓流離失所，此外同時期的其他各國，也都暴君頻出，只有弘佐政治上軌道，百姓能得一安樂之土。

錢弘佐字玄祐，文穆王錢傳瓘第六子，母許夫人，弘佐生於後唐天成三年（九二八）。本來是輪不到他來繼承的，吳越世子原為比他大兩歲的錢弘僔（傳瓘第五子），弘僔突然死於晉天福五年（九四〇），得年十六。弘僔的猝死很奇怪，也是歷史上的一個謎。天福四年八月（九三九），建世子府於城北，次年四月，「將俾君之一日，孝獻世子（弘僔）會王（弘佐），以采戲于青史樓，遽謂王曰：『君（傳瓘）方為我營府署，今與爾賭之。』此及四擲，王遂得六赤，孝獻失色，王從容曰：『五哥入府，（僕）將符印之命。』因再拜，孝獻竟怒擲骰盆于樓下。俄而孝獻薨。」[1]

一個十六歲跟另一個十三歲的孩子，兩個人玩擲骰，輸的人不久竟去世了。有一些蛛絲馬跡的記載是：弘僔母鹿氏，傳瓘年將四十纔生，冢嗣未建，及弘僔生，特為鍾愛，累奏兩浙副大使、果州團練使、檢校太傅，國建立為世子，及傳瓘治世子府，有謠言曰：「何處有鹿脯？」及將沒，又有人題所居屏障曰：「四月二十九日，大會群仙。」凡署字數處，及期，果以病薨。[2] 傳瓘有子十四，弘僔猝病、猝死，死因不明，或有政治陰謀，但証據也是不明確。後來弘佐嗣位，也曾發生過波折。弘僔去世後，傳瓘授兩浙節度副使、檢校大傅予弘佐。[3] 晉高祖天復六年（九四一）八月，傳瓘罹病，以子弘佐託於察內都監章德安，因弘佐只有十四歲，傳瓘心中有陰影，故語之曰：「弘佐尚少，當擇宗人長者立之。」德安曰：「弘佐雖少，群下伏其

英敏，願王勿以為念！」傳瓘曰：「汝善輔之，吾無憂矣。」[4]
錢弘佐承遺命，為鎮海、鎮東兩軍節度使。傳瓘的陰影，並非
無中生有，初，內牙指揮使戴惲，為傳瓘所親任，悉以軍事委
之。傳瓘養子弘侑乳母，惲妻之親也，或告惲謀立弘侑。德安
秘不發喪，與諸將謀，伏甲士於幕下，惲入府，執而殺之，廢
弘侑為庶人，復姓孫，幽之明州。[5]五代時有養子襲位之例，弘
侑排行第三，[6]長於弘傳、弘佐，有被擁立的可能。晉出帝開運
二年（九四五），弘侑卒被處死。[7]晉高祖天復六年（九四一），
晉制以錢弘佐為鎮海、鎮東軍節度使兼中書令、吳越國王。[8]

三、錢弘佐當國

　　跟其父傳瓘不同，沒有經過任何的歷練，一個十四歲的
孩子，[9]就坐上了吳越國王的位子。然史載：「弘佐溫恭，好
書，禮書，躬勤政務，發摘姦伏，人不能欺。」[10]晉天福六年
（九四一）九月，弘佐即王位，命丞相曹仲達攝政，軍中言賜與
不均，舉仗不受，諸將不能制，仲達親諭之，皆釋仗而拜。[11]曹
仲達浙江臨平人，祖曹信、父曹圭皆為八都臨平鎮將。[12]妻為錢
鏐之妹，累授台、處二州刺史，錢傳瓘時即拜為丞相，性仁厚
好施。[13]故局面漸漸穩定下來了。史載：民有獻嘉禾者，弘佐問
倉吏：「今蓄積幾何？」對曰：「十年。」弘佐曰：「然則軍食
足矣！可以寬吾民。」乃命境內免稅三年，史言弘佐雖年少而
敏於政。[14]《吳越備史》亦記：「王（弘佐）遷於思政堂，命境
內給復一年，諸關梁禁制悉從除減。又命田園有隸道宮、佛寺
比入賦稅者，悉免。」[15]天福七年（九四二），弘佐以內衙指揮

使章德安、李文慶為內衙上、右都監使；[16] 以都指揮闕燔、胡進思為內衙上、右統軍使。弘佐年少，吳越政情依然不穩，時左統軍使闕燔強戾，排斥異己，弘佐不能制；內牙左都監使章德安與之爭，右都監使李文慶不附於闕燔。乙巳，貶德安於處州，文慶於睦州，燔與右統軍使胡進思益專橫。[17] 弘佐這一位十五歲的少年，不動聲色，三年後也就是晉出帝開運二年（九四五）十一月，先大閱兵於杭城北郊，接著誅殺內都監使杜昭達、內牙左統軍使及明州刺史闕燔，貶都統軍使錢仁俊官。杜昭達是故丞相杜建徽之孫，與闕燔皆好貨，錢塘富人程昭悅以金寶結交二人，得侍弘佐左右，昭悅為人狡佞，弘佐悅之，寵侍踰於諸將，闕燔不能平。昭悅知之，詣燔頓首謝罪，燔責讓久之，乃曰：「吾始者決欲殺汝，今既悔過，吾亦釋然。」燔專而愎，國人而之者眾，昭悅欲出燔於外，恐燔覺之，私謂右統軍使胡進思曰：「今欲除公及燔各為本州，使燔不疑，可乎？」進思許之，乃以燔為明州刺史，進思為湖州刺史。燔與進思曰「出我於外，是棄我也。」進思曰：「老兵得大州，幸矣！何為不行。」燔乃受命，既而復以他故留進思統軍使。錢仁俊是故明州刺史錢傳璙子，時為內外馬步都統軍使，其母，杜昭達之姑，程昭悅譖燔與昭達謀奉仁俊作亂，下獄鍛鍊成之，於是誅燔與昭達，奪仁俊官，幽于東府。於是昭悅治闕、杜之黨，凡權位與己侔，意所忌者，誅放百餘人，國人為之側目。惟胡進思重厚寡言，昭悅以為愨，故獨存之。昭悅收仁俊故吏慎溫其，使證仁俊之罪，溫其堅守不屈，弘佐嘉之，擢溫其自藩府吏職為國官。[18] 其後，程昭悅也無好下場，天福十二年（九四七），吳越內都監程昭悅，多聚賓客，畜兵器，與術士遊。弘佐欲誅之，謂水丘昭券曰：「汝今夕帥甲士千人圍昭悅第。」昭券曰：「昭悅，

家臣也，有罪當顯戮，不宜夜興兵。」弘佐曰：「善！」命內牙指揮史諸伺昭悅歸第，執送東府。己卯，斬之。釋仁俊囚。[19] 從十四歲即位，到了二十歲才算權勢完全穩固。可惜弘佐壽不永，這一年的六月，就以二十歲英年早逝。

四、錢弘佐對閩用兵

錢弘佐在位的這一段時間（九四〇～九四七），北方正是石晉與契丹互動和戰變化之際，南方則南唐主李弁（徐知誥）死於晉天福八年（九四三），[20] 閩國王延羲與王延政兩兄弟持續內戰。雖然天福五年（九四〇），有吳越與閩之戰，但傳瓘死後的次年（九四二）正月，閩人即主動派使來祭傳瓘。[21] 晉出帝開運二年（九四四），閩國發生政變，閩拱宸都指揮使朱文進弒閩主王延羲，文進自稱閩主，王氏宗族五十餘人皆被殺之，建州的王延政遣軍討文進。[22] 文進遣使如南唐，唐主囚其使，將伐之。[23] 文進除福州外，並奪泉、漳、汀三州。[24] 十一月，泉州散員指揮使留從效殺文進所命泉州刺史黃紹頗，遣師與延政合攻福州，汀州刺史許文積奉表請降與延政。[25] 朱文進聞黃紹頗死，大懼，以重賞募兵二萬，攻泉州，建州王延政遣將杜進將兵二萬救泉州，留從效開門與福州兵戰，大破之，延政又遣統軍使吳成義帥戰艦千艘攻福州，朱文進遣子弟為質於吳越以求救。[26] 時南唐亦遣查文徽將兵，循行境上，伺機攻建州。吳成義聞有唐兵，詐使人告福州吏民曰：「唐助我討賊臣，大兵今至矣。」福人益懼，內部再發生政變，閩將林仁翰殺朱文進，迎吳成義入城。[27] 開運二年（九四五），閩之故臣共迎延政，請歸福州，延政以方

有唐兵，未暇徙都，以福州為南都，以從子王繼昌鎮福州，部將黃仁諷為鎮遏使，將兵衛之。延政發南都侍衛及兩軍甲士萬五千人，詣建州以拒唐。[28]唐查文徽會各路兵破閩將楊思恭、陳望兵，延政大懼，嬰城自守，並召泉州兵五千詣建州。[29]

初，光州人李仁達，仕閩為元從指揮使，十五年不遷職，閩主延羲之世，叛奔建州，閩主延政以為將。及朱文進弒延羲，復叛奔福州，陳取建州之策，文進惡其反覆，黜居福清。另城人陳繼珣，亦叛延政奔福州者，及延政得福州，兩人皆不自安。王繼昌闇弱嗜酒，不恤將士，將士多怨。仁達潛入福州，說鎮遏使黃仁諷曰：「今唐兵乘勝，建州孤危，富沙王（王延政）不能保建州，安能保福州，昔王潮兄弟，光山布衣耳，取福建如反掌，況吾輩乘此機會，自圖富貴，何患不如彼乎！」仁諷然之。是夕，仁達等引甲士突入府舍，殺繼昌及吳成義。仁達欲自立，恐眾心未服，以雪峰寺僧卓巖明素為眾所重，相與迎之，立為帝。延政聞之，族黃仁諷家，命統軍使張漢真將水軍五千，會漳、泉兵討巖明。[30]閩張漢真至福州，攻其東關，黃仁諷聞家夷滅，開門力戰，大破閩兵，執張漢真，入城斬之。李仁達既立巖明，自判六軍諸衛事，使黃仁諷屯西門，陳繼珣屯北門，仁諷從容謂繼珣曰：「人之所以為人者，以有忠、信、仁、義也。吾頃嘗有功於富沙（王延政），中間叛之，非忠也；人以從子託我與人殺之，非信也；屬者與建兵戰，所殺皆鄉曲故人，非人（仁）也；棄妻子，使人魚肉之，非義也。此身十沈九浮，死有餘愧。」因拊膺慟哭。繼珣曰：「大丈夫徇明功名，何顧妻子！宜置此事，勿以取禍。」仁達聞之，使人告仁諷、繼珣謀反，皆殺之。由是兵權盡歸仁達。[31]李仁達大閱戰士，

請卓巖明臨視，仁達陰教軍士突前登階，刺殺巖明，仁達陽驚，狼狽而走；臨視，軍士共執仁達使居巖明之坐。仁達自稱威武留後，遣使入貢於晉，奉表稱藩於唐，唐以仁達為威武節度使，賜名弘義，編之屬籍，但仁達也遣使修好於吳越。[32] 時南唐兵圍建州，屢破泉州兵，但攻汀州則不利，閩人或告福州援兵謀叛，閩主延政收其鎧仗，遣還，伏兵於隘，盡殺之，死者八千餘人，脯其肉以歸為食。[33] 這一次殘酷的大屠殺，是使得吳越最終能夠領有福州的原因。八月，唐兵克建州，王延政降，初，唐兵之來，建人苦王氏之亂與重斂，爭伐木開道以迎之，及破建州，縱兵大掠，焚宮室廬舍俱盡；是夕，寒雨，凍死者相枕，建人失望，唐主以唐兵有功，皆不問。[34] 其後，除福州外、泉、漳、汀三州皆降於唐。[35] 晉開運三年（九四六）二月，唐泉州刺史王繼勳致書修好於威武節度使李仁達。仁達以泉州故隸威武軍，怒其抗體，遣弟弘通將兵萬人伐之。泉州都指揮使留從效廢繼勳，代領軍府事，勒兵擊李弘通，大破之。表聞於唐，唐主以從效為泉州刺史。[36] 唐遣使陳覺說李仁達入朝，無功，乃矯詔自稱權福州軍府事，擅發汀、建、撫、信州兵及戍卒，命建州監軍使馮延魯將之，趨福州迎仁達，仁達遣樓船指揮使楊崇保將舟師拒之。陳覺表：「福州孤危，旦夕可克。」唐主以覺專命，甚怒，羣臣多言：「兵已傅城下，不可中止，當發兵助之。」延魯敗楊崇保於候官，乘勝進攻福州西關，仁達出擊，大破之。唐主續增兵攻福州，克其外郭，仁達固守第二重城。[37] 九月，福州排陳使馬捷引唐兵自馬牧山拔塞而入，至善化門橋，都指揮使丁彥貞以兵百人拒之。仁達退保善化門，外城再重皆為唐兵所據。仁達更名達，遣使奉表稱臣，乞師於吳越。[38] 福州使者徐仁宴、李從諤等至杭州，吳越王弘佐召諸將謀

之，皆曰：「道險遠，難救。」惟內都監使臨安水丘昭券以為當救。弘佐曰：「唇亡齒寒，吾為天下元帥，曾不能救鄰道，將安用之！諸君但樂飽身安坐邪！」於是遣統軍張筠、趙承泰將兵三萬，水陸救福州。先是募兵，久無應者，弘佐命糾之，曰：「糾而為兵者，糧賜減半。」明日，應募者雲集。弘佐命水丘昭券專掌用兵，程昭悅掌應援饋運事，而以軍謀委元德昭。[39] 以上《資治通鑑》的記載，還看不出端倪來，但《吳越備史》記：「淮人之攻閩也，李贇（李仁達）來求援，諸將議將不從。王（弘佐）因集而詢之，果同其說，王變色曰：『唇亡齒寒，春秋明義，吾為天下元帥，執大兵柄，豈不能恤鄰難乎？』……『而諸將躍馬肉食，不能為我身先，即有異議者斬。』及大舉，遣將誓師，辭命明肅，眾皆踊躍承命，既而果成大功。」[40] 《新五代史》亦記：「仁達求救於（弘）佐，佐召諸將計事，諸將皆不欲行，佐奮然曰：『吾為元帥，而不能舉兵耶？諸將吾家素畜養，獨不肯以身先我乎？有異吾議者斬！』」[41] 這是一個憤怒的二十歲青年，當家作主的怒吼，整飭驕兵悍將的霹靂手段，也是洗雪父親錢傳瓘在六年前，於閩國用兵失敗的恥辱。十一月，吳越兵至福州，自晝浦南潛入城，唐兵進據東武門，李仁達與吳越兵共禦之，不利，自是內外斷絕，城中益危。時唐主遣信州刺史王建封助攻福州，王崇文雖為元帥，而陳覺、馮延魯、魏岑爭用事，留從效、王建封倔強不用命，各爭功，進退不相應。由是將士皆解體，故攻城不克。[42] 天福十二年（九四七）三月，[43] 吳越復發水軍，遣其將余安將之自海道救福州。己亥，至白蝦浦。海岸泥淖，須布竹簣乃可行，唐之諸軍在城南者，聚而射之，簣不得施。馮延魯曰：「城所以不降者，恃此救也。今相持不戰，徒老吾師，不若縱其登岸，盡殺之，則城不攻

自降矣。」裨將孟堅曰:「浙兵至此,不能進退,求一戰而死不可得。若縱其登岸,彼必致死於我,其鋒不可當,安能盡殺乎!」延魯不聽,曰:「吾自擊之。」吳越兵既登岸,大呼奮擊,延魯不能禦,棄眾而走,孟堅戰死。吳越兵乘勝而進,福州城中兵亦出,夾擊唐兵,大破之。唐城南諸軍皆遁,吳越合追之;王崇文以牙兵三百拒之,諸軍陳於崇文之後,追者乃還。或言浙兵欲棄福州,拔李仁達之眾歸錢塘,東南守將劉洪進等白王建封,請縱其盡出而取其城。留從效以泉、福相為唇齒,如福州平,則泉州為之次矣!故不欲再封攻福州。王建封亦忿陳覺等專橫,乃曰:「吾軍敗矣,安能與人爭城。」是夕,燒營而遁,城北諸軍亦相顧而潰,馮延魯引佩刀自刺,親吏救之,不死。唐兵死者二萬餘人,委棄軍資器械數十萬,府庫為之耗竭。余安引兵入福州,李仁達舉所部授之。留從效引兵還泉州,謂唐戍將曰:「泉州與福州世為仇敵,南接嶺海瘴癘之鄉,地險土瘠。比年軍旅屢興,農桑廢業,冬徵夏斂,僅能自贍,豈勞大軍久戍於此!」置酒餞之,戍將不得已引兵歸。唐主不能制。[44] 這也是吳越能得到福州的原因之一。張筠、余安皆還錢塘,吳越王弘佐遣東南安撫使鮑脩讓將兵戍福州。[45] 這一次入閩之戰,也是一場吳越錢弘佐與南唐李璟之間的鬥智與鬥力。無論在事前與事後的處置,以及在知人與用人方面,錢弘佐都比李璟高一籌。

五、錢弘佐的治國

吳越在錢鏐開國時,人才濟濟,這固然跟錢鏐能知人、用人有關,但唐末大亂,甚多士人隱避兩浙,如皮日休、羅隱等

人。[46]到了錢弘佐這一代正是人才凋零、轉換之時。從弘佐十四歲即位之後，相繼死亡的元老人物有伯父錢元璙、丞相皮光業、丞相曹仲達、丞相林鼎、叔祖錢鏵等。除了人才缺乏以外，弘佐當國之際也是一個危險時刻，《吳越備史》載：「纘嗣之日，方屬眇年，帑藏因回祿之初，將校競陸梁之志，故能恭勤庶務，紹開霸圖，有果斷之名，無酣嗜之累，以至復興公室，開拓土疆。」[47]弘佐是一位一直在成長的人物，弘佐的性格是「幼好書，性溫恭，能為五七言詩，凡官屬遇雪夜佳景，必同宴賞，由此士人歸心」；[48]「王（弘佐）英明果斷，權變不測。初嗣位尚少，溫柔好禮，恭勤政務，發摘姦伏，人不敢欺，諸校驕恣者，能優容之，及被譴，皆不知覺。」[49]雖然史書一再地稱「佐性寬善」，[50]但亦有其嚴正的一面，《吳越備史》載：「義兵籍使錢承德家火，俯逼內城，命親軍援之，王（弘佐）登而望，有伺便攘竊者，亟命斬之。」[51]儘管吳越比鄰國富裕，但國家開支實在太大，歐陽修曾有不好的批評：「錢氏兼有兩浙幾百年，其人比諸國號為怯弱，而俗喜淫侈，自鏐世常重斂其民以事奢僭，下至雞魚卵鷇，必家至而日取。每笞一人以責其負，則諸案史各持其簿列于廷，凡一簿所負，唱其多少，量為笞數，以次唱而笞之，少者猶積數十，多者至笞百餘，人尤不勝其苦。又多掠得嶺海商賈寶貨。當五代時，常奉中國不絕……」[52]當然歐陽修可能說得過分一些，例如吳越三代亦不過才八十六年，但歐史一開始就說：「錢氏兼有兩浙幾百年」，但「常奉中國不絕」確是主因。薛史亦載：「其班品亦有丞相已下名籍，而祿給甚薄，罕能自濟，每朝廷降吏，則去其偽官，或與會則公府助以僕馬，處事齟齬，多如此類。然航海所入，歲貢百萬，王人一至，所遺至廣，故朝廷寵之，為

羣藩之冠。」[53] 記錄上兩次貢晉的數字都極為龐大，一在晉天福七年（九四二）十一月：「王（弘佐）遣使貢晉鋌銀五千兩，絹五千四，絲一萬兩；謝封國王恩，又進細甲弓弩箭、扇子等物，又貢蘇木二萬斤，乾薑三萬斤，茶二萬五千斤及秘色瓷器、鞋履、細酒、糟薑、細紙等物；」[54] 另一在晉開運三年（九四六）十月：「獻晉謝恩白金五千兩，綾五千四，腦源茶三萬四千斤，笴箭一萬莖，蘇木、乳香他物稱是。又進啟聖節金大排方坐龍腰帶一條，御衣一襲，十六事。」[55] 其後，對閩用兵，弘佐一度思鑄鐵錢，當時列國多鑄鐵錢，但鐵錢是劣幣：「弘佐議鑄鐵錢以益將士祿賜，王弟弘億諫曰：『鑄鐵錢有八害：新錢既行，舊錢皆流入鄰國，一也；可用於吾國而不可用於他國，則商賈不行，百貨不通，二也；銅禁至嚴，民猶盜鑄，況家有鐺釜，野有鏵犁，犯法必多，三也；閩人鑄鐵錢而亂亡，不足為法，四也；國用幸豐而自示空乏，五也；祿賜有常而無故益之，以啟無厭之心，六也；法變而弊不可遽復，七也；錢者國姓，易之不祥，八也。』弘佐乃止。」[56] 基本上，弘佐治國比當時鄰國高明多矣。南方九國之中，嗣主較為賢達者，無逾錢氏，這雖與吳越諸主不事內寵，教誨子嗣得法有關，但比較重要的原因，似乎是居桑梓之地，更注意人心民情吧！[57]

六、評論錢弘佐

　　錢弘佐死於後漢高祖天福十二年（九四七），也算是猝死，因事前毫無跡象。五月時，援閩之師張筠、余安等人班回錢塘，弘佐饗宴將士於光冊堂，賞賚有差。[58] 但一個月後，六月初二，

逝於咸寧院之西堂，得年二十，在位七年。[59] 弘佐死亡原因不明。十六歲時，納妃仰氏（仰仁詮之女），[60] 有子二人，長曰昱，次曰侑。[61]《舊五代史》云弘佐卒時，昱五歲，是算虛歲。[62] 另外《舊五代史》記：「漢高祖入汴佐首獻琛贐，表率東道，漢祖嘉之，授諸道兵馬都元帥。」[63] 疑有誤，按漢祖劉知遠入汴，時在弘佐卒，弘俶已襲位。[64]《吳越備史》記：「是月（五月），敕授王（弘佐）諸道兵馬元帥，食邑五千戶，實封五百戶，仍改賜資忠緯武懿翊戴功臣。」[65] 在時間上比較正確。弘佐英年早逝，史書上無特殊記載，只有從誄詞：「光有天功，聿修厥德，而享祚非永，孰不哀哉！」[66] 去想像了。

七、錢弘俶的身世

這是一個吳越國權力鬥爭下的犧牲者，錢弘俶是文穆王錢傳瓘的第七子，吳越國故世子錢弘傳的同母弟，[67] 生年不詳，但錢弘佐生於後唐天成三年（九二八）七月二十六日，[68] 錢弘俶則生於後唐天成四年（九二九）八月二十四日，[69] 故錢弘俶必生於兩者之間，吳任臣《十國春秋》記弘俶卒於宋開寶中，年四十四。[70]

如以中國算法，錢弘俶應是生於後唐天成三年（九二八），跟弘佐同年，月分稍小而已，而卒年則是宋開寶四年（九七一）。[71] 弘佐死的時候，一子四歲，另一子則襁褓。而弘俶是次於弘佐排行最接近的弟弟。

開運元年（九四四）冬十一月，弘俶時年十七歲，出為東

府安撫使。[72] 天福十二年（九四七）三月，弘佐命東府安撫使弘
倧為丞相，[73] 同年六月弘佐遺令以丞相錢弘倧為鎮海、鎮東節度
使兼侍中，[74] 但這一個說法有爭論，《十國春秋》認為《吳越
備史》誤記，[75] 應該遺令中只有鎮東，而無鎮海，弘倧所以能
迅速襲位吳越王，是軍人擁立的結果。

八、錢弘倧的當國

　　錢弘倧在位的時間很短，從天福十二年（九四七）六月，襲
位吳越王始，到同年十二月被內牙統軍使胡進思內牙兵遷禁時
止，一共在位還不到半年。[76]《吳越備史》記載一個說法是：「初
忠遜王（弘倧）將即位，近侍陳禹嘗夢以金鈔鑼承日輪加遜王
之頂，而手持二鑼，未塊墜地，既而以夢語人，人曰：『汝主將
有非常之事，然其二鑼，不過二十旬耳。』」[77] 這是說他在位不超
過兩百天。弘佐猝死之際，也正是吳越國處於多事之秋，對內人
心惶惶，對外劉知遠的漢新立，有對應的問題；福州新平，有福
州降將李仁達請入觀的問題。早在弘佐尚未去世前的四月份時，
李仁達遣弟李通到吳越，就曾請入觀，而弘佐准其請。[78] 七月，
李仁達以其弟通知福州留後，自詣錢塘見吳越王弘倧，弘倧承制
加仁達兼侍中，更其名為孺贇。既而孺贇悔懼，以金筍二十株及
雜寶酪內牙統軍使胡進思，求歸福州，進思為之請，弘倧從之。
[79] 這一事件造成後來李仁達叛變伏誅，胡進思不自安的張本。臨
行，錢弘倧親宴李仁達於碧波亭。[80] 八月，漢正式制以錢弘倧為
東南兵馬都元帥、鎮海、鎮東節度使兼中書令、吳越王。[81] 遂遵
漢主正朔。[82] 弘佐與弘倧兩兄弟的性格有異，弘佐是「性寬善」，

[83] 弘俶則「性明敏嚴毅」。[84]《吳越備史》記：「自忠獻王時，諸校驕慢，雖旋加誅殛，而在位者皆優禮遇之。及王（弘俶）纘嗣，性既嚴急，誅杭越侮法吏三人，而統軍使胡進思恃迎立功，干預政事，王惡之，每有僭越，必顯責讓。進思頗憂懼，不自安。」[85] 胡進思是跟隨過他們父親錢傳瓘的元老將領，《新五代史》記：「初，元瓘（傳瓘）質於宣州，以胡進思、戴惲等自隨，元瓘立，用進思等為大將。佐既年少，進思以舊將自待，甚見尊禮，及俶立，頗卑侮之，進思不能平。」[86] 錢弘俶與胡進思曾數度衝突，天福十二年（九四七）十一月，錢弘俶大閱水軍，賞賜倍於舊，胡進思固諫，以賞太厚，弘俶怒，投筆於水中曰：「以物與軍士，吾豈私之？吾之財與士卒共之，奚多少之限邪！」進思大懼。[87] 弘俶「剛嚴」的性格，碰上了進思「恃迎立功，干預政事」，弘俶曾「欲授以一州，進思不可。進思有所謀議，弘俶數面折之。進思還家，設忠獻王位，被髮慟哭。民有殺牛者，吏按之，引人所市肉近千斤。弘俶問進思：『牛大者肉幾何？』對曰：『不過三百斤。』弘俶曰：『然則吏妄也。』命按其罪，進思拜賀其明。弘俶曰：『公何能知其詳？』進思跼蹐對曰：『臣昔未從軍，亦嘗從事於此。』進思以弘俶為知其素業，故辱之，益恨怒。」[88] 另外，已歸福州的降將威武節度使李孺贇（李仁達）與吳越戍將鮑脩讓不協，謀襲脩讓，復以福州降唐，脩讓覺之，引兵攻府第，殺孺贇。進思建議遣李孺贇歸福州，及孺贇叛，弘俶責之，進思愈不自安。[89] 胡進思叛變的形勢已形成，然促使其發動政變的直接原因有二，其一是「弘俶與內牙指揮使何承訓謀逐進思，又謀於內都監使水丘昭券，昭券以為進思黨盛難制，不如容之，弘俶猶豫未決。承訓恐事洩，反以謀告進思」；其二是歲除，弘俶夜宴將吏，畫工獻鍾馗擊鬼圖，弘俶以詩題圖上，進思見之大

悟，知弘倧將殺己。當晚，進思率親兵百人，戎服執兵入見於天策堂，曰：「老奴無罪，王何故圖之？」弘倧叱之不退，左右持兵者皆憤怒，弘倧猝愕不暇發言（胡三省注：乘左右之憤怒而用之，以順討逆，何畏乎胡進思，是以人貴乎有膽決），趨入義和院。進思鎖其門，矯稱吳越王弘倧命，告中外云：「猝得風疾，傳位於同參相府事弘俶。」進思因帥諸將迎弘俶于私第，且召丞相元德昭，德昭至，立於簾外不拜，曰：「俟見新君。」進思趣出簾外，德昭乃拜。進思稱弘倧之命，承制授弘俶鎮海、鎮東節度使兼侍中。弘俶曰：「能全吾兄，乃敢承命。不然，當避賢路。」進思許之。弘俶始視事。[90]這一次的政變是流血的，《舊五代史》記：「進思率甲士三百大譟，突入衙署，倧闔戶以拒之，左右與之格鬥，盡為進思所殺。」[91]這與《資治通鑑》的記載稍有出入，進思有充分之準備，弘倧似無僥倖之可能。其後，進思殺水丘昭券及近侍鹿光鉉。光鉉是弘倧之舅，水丘昭券有賢名，連進思之妻也曰：「他人猶可殺；昭券，君子也，奈何害之！」[92]

九、錢弘倧被廢居時日

胡進思迎錢弘倧的異母弟錢弘俶，事出偶然，《舊五代史》記：「眾以無帥，遂迎立之。」[93]《吳越備史》亦記：「（胡進思）乃召諸大校隨及諸率中外軍庶，奉迎王（弘俶）於南邸，甫時，王見府僚將校于帥府之外簾，謙讓者三，諸將校以王素有德望，俯伏稱賀。即日，王以鎮海、鎮東等軍節度檢校太尉兼侍中蒞事于元帥府之南序也。」[94]但一國不能有二主，弘俶既立，弘倧只有幽居。漢高祖乾祐元年（九四八）元月，吳越王錢

弘俶遷故王於衣錦軍私第，遣匡武都頭薛溫將親兵衛之，潛戒之曰：「若有非常處分，皆非吾意，當以死拒之。」[95]二月，進思屢請殺廢王弘倧以絕後患，弘俶不許。進思詐以王命密令薛溫害之，溫曰：「僕受命之日，不聞此言，不敢妄發。」進思乃夜遣其黨方安等二人踰垣而入，弘倧闔戶拒之，大呼求救；溫聞之，率眾而入，斃安等于庭中，入告弘俶，弘俶大驚，曰：「全吾兄，汝之力也。」弘俶畏忌進思，曲意下之。進思亦內憂懼，未幾，疽發背卒。弘倧由是獲全。[96]弘倧被囚禁三年以後，先移至越州，弘俶算是頗善待這一位只大一歲的兄長。後周太祖廣順元年（九五一），「吳越王弘俶徙廢王弘倧居東府，為築宮室，治園圃，娛悅之，歲時供饋甚厚。」[97]《宋史》吳越世家也記：「後左右屢有以倧為言，俶終拒之，倧居越州二十餘年卒。」[98]弘倧在越州住了二十年，死於宋太祖開寶四年（九七一），[99]弘俶也就這樣容忍了二十年，吳任臣《十國春秋》記：「忠懿王（弘俶）命東府以官物充王取給西寢之後，即臥山為王置園亭於上，栽植花木，周遍高下，遇良辰美景，王被道士服，擁妓樂旦暮登賞，每元夜張燈，遍於山谷，用油數千斤，七夕結綵樓於山巔，諸節時費用稱是。王常於山亭擊鼓，聲達於外，守衛者遽聞忠懿王，忠懿王曰：『吾兄以閒適為懷，非鼓樂不歡。』乃命裝金魚水鼓四面奉之，王能為詩，亭榭之上，紀錄皆滿。居二十年始薨，以王禮葬會稽秦望山之原，諡曰忠遜，或曰讓王，年四十四，子四人。」[100]

十、評論錢弘倧

　　錢弘倧之失位，並非其情願，雖歸諸命運，但個人判斷錯

誤，膽決均不足，致成為吳越國權力下的犧牲者。《吳越備史》論評：「王以英敏之才，惡強梁之黨，納（何）承訓阿順之說，中進思廢立之機，輕發寡謀，至於失位，故知君不密則失臣，臣不密則失身，誠哉，斯言也。」[101] 倘使這一件事發生在其他列國，弘倧必有殺身之禍，故《吳越備史》復論評：「猶賴鴞原之愛，致稽嶺之安居，養玉體以終天年，掩泉局而備王禮，古之廢君失國，未有若斯之安全者，其實忠懿王（弘俶）之仁與孝為足多哉。」[102] 這是吳越國政權比較穩定的根本原因。

註釋

1. 〔宋〕范坰、林鼎《吳越備史》，卷三，頁一。
2. 《吳越備史》，卷二，頁十二至十三；另見〔清〕吳任臣《十國春秋》卷八十三，頁五五五。
3. 《吳越備史》，卷三，頁1。
4. 〔宋〕司馬光《資治通鑑》，卷二百八十二，頁九二二七。
5. 《資治通鑑》卷二百八十二，頁九二二七。另見《吳越備史》，卷三，頁一。
6. 吳任臣《十國春秋》，卷八十三，頁五五六。
7. 《吳越備史》，卷三，頁八「庶人孫本賜死」。
8. 《資治通鑑》卷二百八十二，頁九二三二。
9. 《新五代史》作弘佐立時年十三。見〔宋〕歐陽修《新五代史》，卷六十七，頁八四二。
10. 《資治通鑑》卷二百八十二，頁九二二七。
11. 《資治通鑑》卷二百八十二，頁九二二七。
12. 趙雅書〈五代吳越國的創建者──錢鏐〉，頁一七三。《國立臺灣大學歷史學系學報》第七期(1980，臺北)
13. 《吳越備史》，卷三，頁五至六。
14. 《資治通鑑》，卷二百八十二，頁九二二七至九二二八。
15. 《吳越備史》，卷三，頁一。
16. 吳越為避錢弘佐諱，悉改「左」為「上」。
17. 《資治通鑑》卷二百八十二，頁九二五一至九二五二。另見諸葛計、銀玉珍《吳越史事編年》，頁二六七。(杭州：浙江古籍出版社，1989)
18. 《資治通鑑》卷二百八十五，頁九二九九至九三〇〇；另見《吳越備史》，卷三，頁八至九；並見諸葛計、銀玉珍《吳越史事編年》，頁二七二至二七三。
19. 《資治通鑑》卷二百八十六，頁九三四三；另見《吳越備史》，卷三，頁十一；並見諸葛計、銀玉珍《吳越史事編年》，頁二七八至二七九。
20. 《資治通鑑》卷二百八十三，頁九二四五。
21. 《吳越備史》，卷三，頁二。
22. 《資治通鑑》，卷二百八十四，頁九二六九。
23. 《資治通鑑》，卷二百八十四，頁九二七二。
24. 《資治通鑑》，卷二百八十四，頁九二六九至九二七〇。
25. 《資治通鑑》，卷二百八十四，頁九二七六至九二七七。
26. 《資治通鑑》，卷二百八十四，頁九二七八。
27. 《資治通鑑》，卷二百八十四，頁九二七九至九二八〇。
28. 《資治通鑑》，卷二百八十四，頁九二八三至九二八四。
29. 《資治通鑑》，卷二百八十四，頁九二八五至九二八六。
30. 《資治通鑑》，卷二百八十四，頁九二八六至九二八七。
31. 《資治通鑑》，卷二百八十四，頁九二九一。
32. 《資治通鑑》，卷二百八十四，頁九二九二至九二九三。
33. 《資治通鑑》，卷二百八十四，頁九二九三至九二九四。
34. 《資治通鑑》，卷二百八十五，頁九二九六至九二九七。
35. 《資治通鑑》，卷二百八十五，頁九二九七。
36. 《資治通鑑》，卷二百八十五，頁九三〇二至九三〇三。
37. 《資治通鑑》，卷二百八十五，頁九三〇八至九三〇九。
38. 《資治通鑑》，卷二百八十五，頁九三一〇。
39. 《資治通鑑》，卷二百八十五，頁九三一二至九三一三。
40. 《吳越備史》，卷三，頁十二。
41. 《新五代史》，卷六十七，頁八四二。
42. 《資治通鑑》，卷二百八十五，頁九三一四。
43. 《資治通鑑》，卷二百八十六，頁九三四一。劉知遠即皇帝位，自言未忍改晉，又惡開運之名，乃更稱天福十二年。
44. 《資治通鑑》，卷二百八十六，頁九三四九至九三五〇。
45. 《資治通鑑》，卷二百八十六，頁九三五一。
46. 《吳越備史》，卷三，頁三。「吳越丞相皮光業卒。光業字文通，世為襄陽人，父曰休有盛名，為蘇州軍事判官太常博士，光業生於姑蘇，十歲能屬文，及長以所業謁

武蕭……」據此，皮日休可能隱居於蘇州。

47.《吳越備史》，卷三，頁十二。

48. 薛居正《舊五代史》卷一百三十三，頁一七七四。

49.《吳越備史》，卷三，頁十二。

50.《舊五代史》，卷一百三十三，頁一七七四。

51.《資治通鑑》，卷二百八十六，頁九三五一。

52.《新五代史》，卷六十七，頁八四三。

53.《資治通鑑》，卷二百八十六，頁九三五一。

54.《十國春秋》，卷八十，頁五二五至五二六。

55.《十國春秋》，卷八十，頁五二七。又《吳越史事編年》亦曰：「十六事金花銀器一千五百兩，御服錦綺綾羅五百匹。」見諸葛計、銀玉珍，《吳越史事編年》，頁二七七。

56.《資治通鑑》，卷二百八十五，頁九三一三；另《吳越備史》，卷三，頁十。

57. 陶懋炳《五代史略》，頁一三八。（北京：人民出版社，1985）

58.《吳越備史》，卷三，頁十一。

59.《資治通鑑》，卷二百八十五，頁九三一三；另見《吳越備史》，卷三，頁十。

60.《資治通鑑》，卷二百八十三，頁九二五五。

61.《十國春秋》，卷八十三，頁五五八至五五九。

62.《舊五代史》，卷一百三十三，頁一七七四。

63.《舊五代史》，卷一百三十三，頁一七七三。

64.《資治通鑑》，卷二百八十七，頁九三六五至九三六六。另見《吳越史事編年》，頁二八一。

65.《吳越備史》，卷三，頁十一。

66.《吳越備史》，卷三，頁十一。

67.《吳越備史》，卷三，頁十二。

68.《吳越備史》，卷三，頁一。

69.《宋史》，卷四百八十，頁一三九〇六。

70.《十國春秋》，卷八十，頁五三〇。

71.《吳越史事編年》，頁二八三；另見《吳越首府杭州》，頁二〇二。另見《杭州歷史叢編之三》，皆作錢弘俶卒於宋開寶四年。

72.《吳越備史》，卷三，頁十三。

73.《資治通鑑》，卷二百八十六，頁九三五一。

74.《資治通鑑》，卷二百八十七，頁九三六五。

75.《十國春秋》卷八十，頁五二八，「按錢塘大慈山甘露院牒稱，會同七年，有吳越國王押字，及鎮東軍節度使印文，蓋是時吳越與契丹信使不絕，故吳越奉其正朔在諸州鎮之先，其改而從漢制則在八月受漢制之後也。又忠獻王薨，止以鎮東節度使弘俶，至八月漢始制授弘俶鎮海、鎮東節度使，即牒文可證，備史云遺令以弘俶為鎮海、鎮東節度使者，誤也。」

76.《吳越備史》，卷三，頁十三。

77.《吳越備史》，卷三，頁十四。

78.《吳越備史》，卷三，頁十一；又見《吳越史事編年》，頁二八一引〈陳剻墓志銘〉謂：「丁未四月，故府主李公請持禮上貢吳越，授節度推官。」

79.《資治通鑑》卷二百八十七，頁九三六九。

80.《吳越史事編年》，頁二八四至二八；《吳越備史》謂：「閏七月，王命李孺贇復任無諸，王親餞於碧波亭。」今四部叢刊本將「無」字改作「兵」，則當讀作「王命李孺贇復任兵，諸王親餞於碧波亭。」按：是時弘俶未封諸子為王，「無諸」乃福州之古稱，仍應作王命李孺贇復任無諸，王親餞於碧波亭。見《吳越備史》，卷三，頁十二。

81.《資治通鑑》，卷二百八十七，頁九三七五。

82.《新五代史》，卷六十七，頁八四二。吳越一度奉契丹為正朔。

83.《舊五代史》，卷一百三十三，頁一七七四。

84.《資治通鑑》，卷二百八十二，頁九二五一至九二五二。另見《吳越史事編年》，頁二六七。

85.《吳越備史》，卷三，頁十三。

86.《新五代史》，卷六十七，頁八四二。

87.《資治通鑑》，卷二百八十七，頁九三七九。另見《新五代史》，卷六十七，頁八四二。

88.《資治通鑑》，卷二百八十七，頁九三八〇至九三八一。

89.《資治通鑑》，卷二百八十七，頁九三八〇至九三八一。

90.《資治通鑑》，卷二百八十七，頁九三八一至九三八二；另見《新五代史》卷六十七，頁八四二。

91.《舊五代史》，卷一百三十三，頁一七七四。
92.《資治通鑑》，卷二百八十七，頁九三八二。
93.《舊五代史》，卷一百三十三，頁一七七四。
94.《吳越備史》，卷四，頁一。
95.《資治通鑑》，卷二百八十七，頁九三八三。
96.《資治通鑑》，卷二百八十七，頁九三八五
　　至九三八六。
97.《資治通鑑》，卷二百九十，頁九四六〇。
98.《宋史》，卷四百八十，頁一三九〇八。
99.《十國春秋》，卷八十，頁五三〇。
100.《十國春秋》，卷八十，頁五二九至五三〇。
101.《吳越備史》，卷三，頁十四。
102.《吳越備史》，卷三，頁十四。

(原文發表於《史學：傳承與變遷學術研討會論
　　文集》，本文已作增訂與修補)

五代吳越國末代君王
錢俶（928～988）的歷史地位

一、引言

　　錢俶（九二八～九八八），字文德，第二代吳越王錢元瓘第九子，嗣王錢倧異母弟，後漢乾祐元年（九四八），錢倧為大將胡進思所廢，錢俶被迎立為王，成為吳越國第五任也是最後一任君主。

　　五代後漢、後周時，錢俶襲封為吳越王，周世宗征討淮南，命錢俶出兵攻打常、宣二州以牽制李璟。錢俶整頓兵馬，隨時待命。李璟聽到後周討伐南唐消息，積極備戰，並派遣使者安撫諸州，邊境一時戒備森嚴。吳越國蘇州營田副使陳滿誤以為後周已攻下南唐，派出使者騷擾邊境，於是立刻告訴錢俶，請舉兵響應，錢俶命國相吳程調兵攻常州，被李璟大將柴克宏擊敗，吳越軍士傷亡慘重，吳程僅以身免，至周世宗舉兵渡過淮河後，錢俶不得不從百姓中征兵，擴充軍隊。後派大將邵可遷，以戰船四百艘，水軍一萬七千多人與後周軍隊在通州會合。周世宗討平淮南後，派遣使者賞賜錢俶兵甲旗幟、駱駝羊馬，吳越此時亦「傾其國以事供獻」。

　　北宋建立，錢俶出兵助宋滅南唐。太平興國元年（九七六），宋太宗下詔令錢俶入朝，錢俶盡獻所據土地舉家遷汴京（開封），吳越滅亡，入宋後，錢俶被拜為淮海國王，只是虛名而已。端拱

元年（九八八）病卒。[1]

二、得位的緣由

　　錢俶為第二代吳越王錢元瓘第九子，本來是輪不到他繼位的。三世王弘佐卒，弟弘倧以次立。初，元瓘質於宣州，以胡進思、戴惲等自隨，元瓘立，用進思等為大將。弘佐既年少，進思以舊將自恃，甚見尊禮，及四世王弘倧立，頗卑侮之，進思不能平。弘倧大閱兵于碧波亭，方第賞，進思前諫以賞太厚，弘倧怒擲筆水中曰：「以物與軍士，吾豈私之，何見咎也！」進思大懼。歲除，畫工獻《鍾馗擊鬼圖》，弘倧以詩題圖上，進思見之大悟，知弘倧將殺己。是夕擁衛兵廢弘倧，因于義和院，迎弘俶立之，遷弘倧于東府。時為後漢天福十二年（九四七）十二月三十（陽曆為九四八年二月一二日）。[2]錢弘俶嗣位三十餘年，期間恭事後漢、後周和北宋。他的一生要分成三個時期來說，第一個時期是在九四七年以前，他十九歲時被擁立為吳越王開始。他生於後唐明宗天成四年（九二九），名為九子，實為錢傳瓘（元瓘）第四子，排行是弘傅、弘佐、弘倧、弘俶、弘億，後晉高祖天福四年（九三九）被授為「內衙諸軍指揮使」、「檢校司空」、「特進檢校太尉」，由於時年僅十歲，應是虛職，後晉出帝開運四年（九四七）三月，時年十八歲，為台州刺史，任數月，有僧德韶語俶曰：「此地非君為治之所，當速歸，不然不利。」俶從其言，即求歸國，弘倧立，徵為「同參相府事」，此事有點古怪，但可以解釋台州民風悍，一個十八歲的青年，不宜久居台州刺史。[3]果然他九月自丹邱

（台州）回杭州，僅三個月，十二月，杭州發生政變，內衙統軍使胡進思、指揮使諸溫、斜滔等幽廢弘倧於義和院後。乃召諸大校，及率中外軍庶奉迎弘俶於南邸，弘俶見府僚將校，於帥府之外簾，謙讓者三。諸將校以弘俶宿有德望，俯伏稱賀，即日，弘俶以鎮海、鎮東節度使、檢校太尉、兼侍中，蒞事于元帥府之南序。[4] 後漢高祖乾祐元年（九四八），弘俶即王位，赦境內租稅，班賚有差，以弟弘億為丞相。[5]

三、錢俶的性格

大約第一代的創業者都是比較霸氣的，錢俶當然不能跟其祖、父相比，基本上錢俶的性格是屬於一種孝子賢孫型的，五代列國多內亂，吳越國的情況則好多了，這跟對子弟的教育注重有關，大體上錢俶的性格是比較溫和的。有兩件事情可以看出其溫和的一面。第一件是：一國不能有二主，弘俶既立，弘倧只有幽居。漢高祖乾祐元年（九四八）元月，吳越王錢弘俶遷故王於衣錦軍私第，遣匡武都頭薛溫將親兵衛之，俶潛戒之曰：「若有非常處分，皆非吾意，當以死拒之。」二月，進思屢請殺廢王弘倧以絕後患，弘俶不許。進思詐以王命密令薛溫害之，溫曰：「僕受命之日，不聞此言，不敢妄發。」進思乃夜遣其黨方安等二人踰垣而入，弘倧闔戶拒之，大呼求救；溫聞之，率眾而入，斃安等于庭中，入告弘俶，弘俶大驚，曰：「全吾兄，汝之力也。」弘俶畏忌進思，曲意下之。進思亦內憂懼，未幾，疽發背卒。弘倧由是獲全。弘倧被囚禁三年以後，先移至越州，弘俶算是頗善待這一位只大一歲的兄長。後周太

祖廣順元年（九五一），「吳越王弘俶徙廢王弘倧居東府，為築宮室，治園囿，娛悅之，歲時供饋甚厚。」《宋史》吳越世家也記：「後左右屢有以倧為言，俶終拒之，倧居越州二十餘年卒。」弘倧在越州住了二十年，死於宋太祖開寶四年（九七一），弘俶也就這樣地容忍了二十年。

第二件事是建隆二年（九六一），俶舅寧國軍節度使吳延福有異圖，左右勸俶誅之，俶曰：『先夫人同氣，安忍置於法？』言迄嗚咽流涕，但黜延福於外，終全母族。」[6]

四、錢俶的功勳

錢俶的第二個時期是從九四七他被擁立為吳越王開始，九七八年降於宋，吳越國亡時止，約三十年，是他實際在政治上尚有一些作為的時候，但他繼續採取祖父所建立的：「子孫善事中國，勿以易姓廢事大之禮。」的政策，在對外方面他也有屢建功勳。第一件事是取得福州，洗雪父親錢傳瓘在六年前，於閩國用兵失敗的恥辱。[7]吳越國取得福州是在錢弘佐在位時，但治理福州大部分卻是在錢弘俶時。

五代時期福州的轄地很廣，約相當於清代的福州府和福寧府，另加尤溪、德化二縣。福州與吳越國的關係較為密切，兩地間的交通主要靠海路，如果順風，福州的帆船在幾天之內，就能到達杭州，是以兩地人物來往頻繁，錢鏐曾與王審知聯姻，王審知之女曾嫁錢鏐之子錢傳珦。閩國內部的失意者，經常逃入吳越國境內謀生，例如，永和元年（九三五），王繼鵬殺死大將

李儆，李儆部下千餘人集體逃入吳越國。再如泉州人劉甫，原在閩國內部任官，因看不慣閩國官場的黑暗，便離開閩國，投入吳越任職，最後終老於浙江。[8] 閩人在吳越國做官最有名的是福州人沈崧，他是唐昭宗乾寧三年（八九六）進士，金榜提名後，在返閩途中被錢鏐邀任鎮海軍書記，吳越國成立後，他成為首任丞相[9]，又如侯官人林鼎他也在吳越國任官，最後升任丞相，[10] 仰仁銓攻閩之役，吳越官員都認為易如反掌，唯有林鼎反對出兵，後來吳越軍大敗，死亡兩萬餘人，人們都佩服其有先見之明。大體來說，吳越國對於福州的情況是比較了解的，福州百姓對吳越國也抱有好感，當李弘達與南唐鏖戰之際，[11] 福州城裏流傳著兩句民謠：「風吹楊葉鼓山下，不得錢來不得罷。」「錢」便是指吳越，當吳越軍隊進入福州，得到了久已厭戰的福州百姓歡迎，很快便在福州站穩腳步，吳越國對福州最大的貢獻便是和平。[12]

李弘達降吳越後，便留在杭州成為人質，但李是一個反覆及不安分的人，廢王錢弘倧犯了一個非常嚴重的政治錯誤，就是他把李弘達放回了福州，因李以金錢賄賂吳越權臣胡進思，而錢弘倧也居然聽進了胡進思的話，李弘達是個典型的陰謀家及野心家，果然，十二月杭州與福州同時發生政變，但結果卻不同，在杭州，胡進思廢了錢弘倧，但在福州，吳越鎮守福州的大將鮑修讓搶先動手，率兵誅殺了李氏一家，當時福州城內李弘達的軍隊不過一、兩萬，而吳越有三萬浙兵，所以有效地控制了福州，誅殺李弘達，有利於福州社會的安定。

因福州戰略地位重要，所以吳越一向派遣元老重臣鎮守福

州，李弘達兄弟死後，吳越丞相吳程出任福州威武軍節度使。吳程離任後，吳越王錢弘俶之兄錢弘儇繼任節度使，以後的幾任及福州刺史也大多是錢氏宗親出任，[13] 錢弘儇待人寬弘，「福州初歸附，將校有仇隙者率多相誣，弘儇謂左右曰：『人各有憾，誣構一啟，疑懼交至，豈國家推心懷遠之道邪？』悉置不問。」[14] 可見，吳越對福州降將是很講策略的，福州兵將中確有許多人和南唐將領陳誨通消息，陳誨第二次進攻福州時，就曾對查文徽說過：要招徠親朋故舊，問明福州城內情況？[15]

在乾祐三年（九五〇）的這一場福州之戰，吳越完全擊敗南唐，《吳越書》：

「乾祐三年（九五〇），春，二月，庚寅，金陵以偽永安軍節度使查文徽取福州，甲申，遣劍州刺史陳誨，泉州刺史留從效，率兵犯我無諸，執我守將馬光進等。王命指揮史潘審燔率師禦之，遂生擒查文徽，及行軍判官楊文憲等三十餘人，斬馘萬計。陳誨、留從效等，走之。初，福人告文徽曰：『吳越兵已棄城去，請公為帥』文徽信之，乃遣陳誨率水軍，下閩江，文徽自以步騎，繼至城下。閩州刺史吳誠，詐遣兵數百，出迎文徽。誨諫曰：『閩人多詐，未可圖也，宜立寨，徐徐圖之』。文徽曰：『疑則生變，不若乘機據其城』。乃引兵徑進，誨整眾鳴鼓，還于江湄。吳誠與潘審燔等，勒兵擊賊，大敗之，遂執文徽等。士卒戰，溺死者一萬餘人。陳誨等率親部而遁。」[16] 不過沒有多久，吳越就釋放查文徽，是與被俘的馬文進交換，也表示了吳越與南唐再度言和。[17]

錢弘儇還是一個很好的地方官，他雖貴為王親國戚，但生

性簡約。他到福州就職時，原任靜海軍管轄範圍的百姓都捨不得他走，一路跟行啼哭，有些人甚至跟他遷到福州，人們稱之為「隨使百姓」或「隨使戶」。這在當時吏治普遍黑暗的時代，弘儇這類人是很難得的，他到福州作官，有利於吳越在福州局勢的穩定。[18]

對閩國舊臣中有才華的人，吳越也是盡量招攬的，福州人黃延樞是王延鈞的女婿，吳越佔領福州之後，黃延樞降於吳越，任光祿卿，他的兒子黃夷簡很受吳越王錢俶的寵愛，曾出使宋朝。[19] 吳越國很重視文教，據福州府志，吳越在福州曾擴修學校，培養官員後備人才，這對爭取福建的知識分子起了很好的作用。閩王王審知在福州民間有很高的聲望與威信，吳越國「遂命以公舊第為忠懿王廟，仍參常祀之數。」迨至宋開寶七年（九七四），吳越王大修境內祠廟，忠懿王廟再次得到重修，福州次使錢昱「乃命衙直將躬授人工，旁（擄）材植，補遺跡而皆備，易舊物以咸新」，並將閩國早期功陳孟威等二十六人，列入祠廟配享，[20] 這類措施都有利於爭取福州民心。

吳越對福州最大的貢獻，便是帶來和平。歐陽修認為吳越歷代國王是五代十國時最為精明的統治者，他們善於在南北對立的局勢中投機取巧，維護吳越國的利益。在五代後期，吳越坐觀南唐與中原各朝交戰，偶而發兵幫助北方政權，但對南唐的威脅不是很大。在吳越統治福州的三十多年裏，吳越將領以守境保土為主，從未主動出擊，南唐幾次來襲，也被他們擊退，因此三十年間，福州大致保持著和平局面，和平給福州百姓帶來莫大的好處，在閩國後期的戰亂中，福州百姓損失極大，近郊的的房屋悉被焚毀，墳墓被挖掘，一片淒涼景象，尤其是王

延政從福州調走一萬五千名甲士，最終一個人也沒有回來，這給他們家屬留下甚多的悲哀。和平回復後，百姓得以休養生息，生活才能勉強過下去。在三十年時間內，福州經濟緩慢恢復，乃至後期，出現了「時和歲豐，家給人足」的現象。[21]

吳越對福州的第二個貢獻，便是削減了官僚機構。福州原為閩國小朝廷盤據之地，地方不大，卻擁有一整套中央政府級的官僚機構，它的開支可觀。而閩國後期的統治者又大搞建設，大蓋宮殿、園林，常常調發民伕從事各類工程，給百姓帶來無窮的災難。吳越佔領福州後，恢復了原來威武軍機構，官員人數大大削減，從而也使百姓對官僚機構的負擔減輕。吳越統治福州期間，賦稅還是相當沉重的，鄭文寶寫道：「兩浙錢氏偏罷一方，急徵苛斂，科賦凡欠一斗者，多至徒罪。」

[22]「吳越舊式，民間盡算丁壯錢，以增賦與，貧匱之家，父母不能保守，或棄於襁褓，或賣為僮妾，至有提攜寄於釋老者，真宗一切蠲放，吳俗始蘇。」[23]可知吳越的重賦直到北宋初年才有改變，吳越統治福州期間，百姓仍要賦擔重稅，不過其賦稅再重，也應較閩國時為低，吳越晚期，錢俶還採取一些通融辦法，例如，後漢乾祐二年（九四九），錢俶宣布：「以境內田畝荒廢者縱民耕之，公不加賦。」[24]：「王募民墾荒田，勿取其租稅，由是境內無棄田。或有請糾遺丁以增賦，王命杖之國門。」[25]這一政策實行後，百姓可以通過開墾新田增加收入，當時福州境內荒田甚多，所以福州百姓受惠最大。總的來說，吳越對福州的統治，雖非什麼了不起的治世，但和閩國晚期殘酷的統治相比較，老百姓尚能過著安定的生活，農業生產上能

維持，這和北方常打仗的一些地區相比，已有天淵之別，因此，福州百姓接受了吳越的統治。[26]

　　第二件事情是收復常州，常州的爭奪是五代初期，楊行密與錢鏐彼此重要的戰爭。在光啟三年（八八七）時，乘鎮海節度使周寶之亂時，錢鏐曾短暫地取得常州，鎮海六郡曾全被錢鏐佔領，但只保有兩年。龍紀元年（八八九）十月以後，江淮之爭的局勢，逐漸明朗化，變成了楊行密與孫儒二雄對立，楊行密為擴充地盤，及鞏固自己的勢力，乃遣田頵攻常州，時杜稜守常州，碰到強悍的淮南兵，乃敗陣下來。十一月，田頵攻常州，為地道入城，中宵，旌旗甲兵出於制置使杜稜之寢室，遂虜之，以兵三萬戍常州。杜稜為鄉紳長者，故不久就被放歸杭州，鏐令稜築東安城自固。十二月，孫儒自廣陵引兵渡江，逐田頵，取常州，以劉建鋒守之；儒還廣陵，建鋒又逐成及，取潤州。成及奔歸。大順元年（八九〇）二月，潤州、常州又從劉建鋒手落到楊行密手中，八月，楊行密將李宥又攻拔蘇州，199沈粲歸杭州，鏐欲以殺杜孺休之事歸罪沈粲，粲奔歸孫儒。九月，孫儒又回軍取常州，十二月，再取蘇州、潤州。錢鏐、楊行密、孫儒三人為了爭奪常、潤、蘇三州，而兵連禍結不止。大順二年（八九一）十二月，孫儒焚掠蘇、常，引兵逼宣州，鏐復遣兵據蘇州，自是蘇州遂為錢氏所有。孫儒屢破楊行密之兵，旌旗輜重亙百餘里，行密求助於錢鏐，鏐以兵食助之。鏐肯助行密，主要是懼怕孫儒攻杭。孫儒的蔡州兵本就強於楊、錢，只是缺糧，景福元年（八九二）二月，楊行密又從孫儒手中奪回常州、潤州。自是潤、常二州遂為楊氏所據，錢鏐乘周

寶之死，一舉攻佔潤、常、蘇三州，現僅得蘇一州，當然深憾楊，此為錢、楊之爭端，錢氏數攻常州，便是此原因，失去常州是錢鏐深切之痛。錢鏐一場辛苦，雖獲得了周寶歿後鎮海節度使的位子，但實際地盤，只得到了蘇州一州，而失去了潤、常二大州，不但開始與淮南楊氏結仇，並且亦深受刺激。錢鏐稱吳越王，不肯丟掉「吳」這個字，其原因在此。[27]

錢鏐並非不想重新取回潤、常二州，但實力上不敵南唐。一直到了他的孫子錢俶時，方才獲得機會。周世宗征淮南，顯德三年（九五六），令錢俶以所部分路進討，時距吳越失去常、潤州已有六十四年，但這次戰役吳越先勝後敗，《宋史》世家〈吳越錢氏〉載：「俶遣偏將吳程圍毗陵（常州），陷關城，擒刺史趙仁澤，路彥銖圍宣城，俄俶軍戰敗，復失常州。」[28]為什麼會打敗仗呢？見《吳越書》的補充說明：「顯德三年（九五六）……周少主東征。詔：王以國兵，分路進討。……王命邵可遷等，以戰船四百艘，水軍萬七千人，至于通州，以會期。二月，周師入淮。南唐靜海軍制置使姚彥洪，率家屬、軍士、戶口等一萬餘人，奔於我。時營田副使陳滿，言於丞相吳程，曰：『周師南征，舉國驚擾，常州無備，易取也』。吳程如其言，請王從之。丞相元德昭上曰：『唐大國，未可輕舉也。若我入唐境，而周師不至，能無慮乎』？吳程固爭，王遂遣程，取常州……先是，南唐遣中書舍人喬匡舜，來使。至是，克宏（唐右武將軍）幕船，以匿甲士，聲言迎匡舜。程曰：『兵交，使在其間』。殊不為備。唐兵登岸，徑薄我兵營。會羅晟、鮑修讓與程，福州有隙。晟以此不力救，且縱之趨程帳，程稗將邵可遷力戰，子死馬前，猶戰不顧，

程僅以身免，死者萬計。程遁歸，王怒，悉奪其官。…路彥銖攻宣州。不克，聞程敗，亦引還。」[29] 這一次敗仗，其實無關國力，就是錯置統帥，領兵無能，加之內部不和，致導致敗因。直到十九年後，宋太祖開寶八年（九七五），錢俶助宋攻南唐，始收復常州，算是得到一次精神上的勝利，但吳越國已到了尾期。

五、歸順宋朝的經過

根據《宋史》錢俶本傳的記載：

「建隆元年（九六○），授天下兵馬大元帥。…自太祖受命，俶貢奉有加常數，二年（九六一），遣使賜俶戰馬二百、羊五千、橐駝三十。乾德元年（九六四），已白金萬兩、犀牙各十株、香藥一十五萬斤、金銀真珠瑒瑠器數百事來貢…是冬，郊祀，遣其子惟璿入貢。（實是人質之意）開寶五年（九七二）遣幕吏黃夷簡入貢，上（太祖）謂之曰：『汝歸語元帥，常訓練兵甲，江南彊佪不朝，我將發師討之，元帥當助我，無惑人言云：皮之不存，毛將安傳。特命有司造大第於薰風門外，連互數坊，棟宇宏麗，儲偫什物無不悉具，因召進奉使錢文贄謂之曰：『朕數年前令學士承旨陶穀草詔，比來城南建離宮，令賜名【禮賢宅】，以待李煜及汝主，先來朝者以賜之。』詔以草示文贄，遂遣文贄賜俶戰馬及羊，諭旨於俶。七年五月（九七四），賜俶襲衣、玉帶、玉鞍勒馬、金器二百兩、銀器三千兩、錦綺千段。是冬，討江南，遣內客省使丁德裕齎詔，

以俶為昇州東面招撫制置使，賜戰馬二百匹，旌旗劍甲；令德裕以禁兵步騎千人為前鋒，盡護其軍。李煜貽書於俶，其略曰：『今日無我，明日豈有君？一旦明天子易地酬勳，王亦大梁一布衣耳。』俶不答，以書來上。」[30] 李煜的話本不錯，但是形勢已很明顯，天下一統逐漸形成，宋祖早有示警，錢俶是一個明白人，統一是遲早必來之事，錢俶根本無從選擇。

「八年（九七五）俶率兵拔常州，加守太師，詔俶歸國，俶遣大將沈承禮等率水陸隨王師平潤州，遂進討金陵。上（太祖）嘗召進奏使任知果，令諭旨於俶曰：『元帥克毗陵有大功，俟平江南，可暫來與朕相見，以慰延想之意。即當遣還，不久留也。朕三執圭幣以見上帝，豈食言乎？』江南平，論功以俶大將沈承禮、孫承祐並為節度使，為防禦使者一人，刺史六人。」[31]

宋太祖的態度並不急，他視錢俶為盟友態度，當然錢俶也無從選擇。開寶九年（九七六）他令錢俶來開封入朝，《宋史》本傳：

「九年（九七六），俶與其妻孫氏、子惟濬、平江節度使孫承祐來朝，上遣皇子興元尹德昭至睢陽迎勞。俶將至，車駕先幸禮賢宅，按視供帳之具。及至，詔俶居之。對於崇德殿，貢白金四萬兩、絹五萬匹，賜襲衣、玉帶、金器千兩、白金器三千兩、羅綺三千段、玉勒馬。即日宴長春殿，俶又貢白金二萬兩、絹三萬匹、乳香二萬斤。賀平江左，貢白金五萬兩、錢十萬貫、綿百八十萬兩、茶八萬五千斤、犀角象牙二百株、香藥三百斤。車駕幸其第，又貢白金十萬兩、絹五萬匹、乳香五

萬斤，以助郊祭。」[32] 雙方互有賜、貢互動，但似乎錢俶貢得多一點，錢俶勤貢的目的，當然是希望能夠對吳越維持和平狀態。宋祖是同意的，下詔「咨爾吳越國王錢俶，德隆宏茂，器識深遠，撫奧區於吳會，勒洪伐於宗彝。昨以江表不庭，王師致討，委方面之兵柄，克常、潤之土宇，輔翼帝室，震疊皇靈。而執圭來庭，垂紳就列，罄事君之誠愨，為羣后之表儀。爰峻徽章，以旌元老。可特賜劍履上殿，書詔不名。」以俶妻賢德順穆夫人孫氏為吳越國王妃，令惟濬詔齎賜之。宰相以為異姓諸侯王妻無封妃之典，太祖曰：「行自我朝，表異恩也。」俶獻白金六萬兩、絹六萬匹為謝。[33] 雙方都是在演戲，只是錢俶一再地獻金、絹，令人費解，稍微做得過火一些。宋祖對錢俶的方法是採欲擒故縱，《宋史》本傳：「太祖數詔俶與其子惟濬宴射苑中，惟諸王預坐。每宣諭俶，俶拜謝，多令內侍（掖）起，俶感泣。又嘗一日召宴，獨太宗、秦王侍坐，酒酣，太祖令俶與太宗、秦王敘昆仲之禮，俶伏地叩頭，涕泣固讓，乃止。會將以四月幸西京，親雩祀，俶懇請扈從，不許，留惟濬侍祀，令俶歸國。太祖宴餞於講武殿，賜窄衣、玉束帶、玉鞍勒馬，玳瑁鞭，金銀錦綵二十餘萬、銀裝兵八百事，謂俶曰：『南北風土異宜，漸及炎暑，卿可早發。』俶涕泣研願三歲一朝，太祖曰：『川陸迂遠，當俟詔旨，即來覲也。』俶將發京師，特賜導從儀衛之務，率皆鮮麗，令自禮賢宅陳列至迎春苑。自俶之至，逮於歸國，太祖所賜金器萬兩、白金器又數萬兩、白金十餘萬兩、錦綺綾羅紬絹四十餘萬匹、馬數百匹，他物不可勝計。俶既歸國，嘗視事功臣堂，一日命坐於東偏，謂左右曰：『西北者神京在焉，天威不違顏咫尺，俶豈敢寧居乎？』」[34]

不管錢俶是如何的低調，宋祖自有其步驟與主張，在這一

階段宋祖還是放錢俶回杭州，但「密封黃綾包袱一封，謂曰：『卿至途中，宜密視之』。…王在舟中，再拜，乃密開所賜黃袱。視之，皆群臣乞留王，章疏也。王既入朝，文武群臣屢上疏，乞留王。宋主知王，忠厚謹慎，小心敬畏，固不允。及王啟行時，密以賜焉。」宋祖為何不扣留錢俶呢？有其想法，「王初來朝，將歸。朝臣上疏，請留勿遣者，數十人。上皆不納曰：『無慮，俶若不欲歸我，必不肯來。放去，適可結其心』。及王辭，力陳願奉藩之意。上曰：『盡我一世，盡你一世』。乃出御封，王臨別，面敘感戀。願子孫世世奉藩。上謂曰：『盡吾一生，盡汝一生，令汝享有二浙也』。王以上，賜重約，既得歸，喜甚，以為大保其國矣！」[35]

　　宋祖是天下一家，臥榻之側豈容他人鼾睡的人，其所以容忍錢俶是因時機未到及戰略理由而已。《續資治通鑑長編》曾記宋祖面對南唐史者徐鉉：「鉉言李煜事大之禮甚恭，徒以被病，未任朝謁，非敢拒詔也。乞緩兵以全一邦之命。其言甚切至，上與反覆數四，鉉聲氣愈屬。上怒，因按劍謂鉉曰：『不須多言，江南亦有何罪，但天下一家，臥榻之側，豈容他人鼾睡呼！』鉉惶恐而退。」[36]事實上錢俶也明白，當江南戰事起時，吳越臣沈淪早對錢俶說過：「江南是兩浙之藩籬，堂奧豈得而安耶？大王指日獻土矣！」[37]錢俶雖傾其國以事貢獻。但宋祖仍曰：「此吾帑中物爾，何用獻為！」[38]錢俶是開寶九年（九七六）離開汴京，而宋太祖也在同一年（九七六）十月去世，由太宗繼位改元太平興國，三年（九七八）錢俶再度入覲，他似有預感，「王最後入覲，知必不還，離杭日，徧別先王陵廟，泣拜以辭。詞曰：『嗣孫俶不孝，不能守祭祀，又不能死

社稷。今去國脩覲，還邦未期。萬一不能再掃松檟，願王英德，各遂所安，無恤墜緒』，拜訖，慟絕，幾不能起，山川為之慘然。」[39] 這一次入覲太宗，一切行禮如儀，但四月，漳、泉的陳洪進納土，應該是被迫也是一種自覺，錢俶兩次上表，重要的是五月的第二次上表，《宋史》本傳：

「臣慶遇承平之運，遠修肆覲之儀，宸眷彌隆，寵章皆極，斗筲之量實覺滿盈，丹赤之誠輒茲披露。臣伏念祖宗以來，親提義旅，尊戴中京，略有兩浙之土田，討平一方之僭逆。此際蓋隔朝天之路，莫諧請吏之心。然而稟號令於闕庭，保封疆於邊徼，家世承襲，已及百年。今者幸遇皇帝陛下嗣守丕基，削平諸夏，凡在率濱之內，悉歸輿地之圖。獨臣一邦僻介江表，職貢雖陳於外府，版籍未歸於有司，尚令山越之民，猶隔陶唐之化，太陽委照，不及蔀家，春雷發聲，兀為聾俗，則臣實使之然也，罪莫大焉。不勝大願，願以所管十三州獻于闕下執事，其間地里名數別具條析以聞。伏望陛下念奕世之忠勤，察乃心之傾向，特降明詔，允茲至誠。」[40] 太宗當然高興，立即，「所請宜依」，並「其以淮南節度管內封俶為淮海國王，仍改賜寧淮鎮海崇文耀武宣德守道功臣，即以禮賢宅賜之。」惟濬為節度使兼侍中，惟治為節度使，惟演為團練使，惟願暨姪郁、昱並為刺史，弟、信並為觀察史，將校孫承祐、沈承禮並為節度使。體貌隆盛，冠絕一時。」「是歲（九七六）七月中元，京城張燈，令有司於俶宅前設登山、陳聲樂以寵之。八月，令兩浙發俶緦麻以上親及管內官吏悉歸朝，凡舟一千四十四艘，所過以兵護送。杭州貢俶樂人凡八十有一人，詔以三十六人還杭州，四十五人賜俶。俶上表謝，上親書『付中書送史館』」。[41]

六、錢俶的死

　　錢俶降宋以後，是他人生第三階段，從九七六到九八八，又活了十三年之久，端拱元年（九八八）突然逝世，享年六十。關於他的死，卻有中毒的說法。按《宋史》本傳記：「端拱元年（九八八）春，徙封鄧王。會朝庭遣使賜生辰器幣，與使者宴飲至幕，有大流星墮正寢前，光燭一庭，是夕暴卒，年六十。俶以天成四年（九二九）八月二十四日生，至是八月二十四日卒，復與父元瓘卒日同，人皆異之，上惟廢朝七日，追封秦國王，諡忠懿……命中使護其喪歸葬洛陽。」[42]其所以引人注目是「暴卒」這兩個字，其所以多有「異聞」是因為有兩件事情，一為：「趙普再入相，盧多遜罷為兵部尚書。一日，普召王世子惟濬至，謂曰：『朝廷知盧多遜，求取元帥，財物極多，今未鞠劾者，恐累元帥耳！請具所遺之物，列狀上之』！惟濬歸，白王。王曰：『主上英明。凡大臣有過，即自行，何用狀上』？惟濬懼普，因與僚吏等，再三堅請曰：『若不預言，事恐不測』！王曰：『且姑休矣！我當取案籍，考視之』！于是盡取當時簿籍，命火焚之，即召惟濬至，謂曰：『我入朝之初，荷蒙主上，殊常之遇。故左右大臣，咸有饋物。非獨盧相也！豈可見人將溺，而加石焉！汝等少年，慎勿為此！禍福我自當之』！惟濬等惕懼而退。普聞之，召惟濬至，深自歎服！稱王，寬洪大度，事遂寢」。這事總有陰影；又「綜合《後山詩話》、《十國詞箋》曰：吳越後王來朝，太祖又嘗為置宴宮中，出內妓（一作伎），彈琵琶。王俶獻詞（一作辭）云：『金鳳欲飛遭掣搦。情脈脈、看即玉樓雲雨隔』。帝太祖遽起，捬其背曰：『誓不殺錢王』！」[43]故錢俶本人就有陰影。第二件事則是

《吳越備史補遺》所載：

「屬久病家居。一日，有內臣黃門趙海，常被酒造其（一有詣王府）第求見。將吏以為傳詔者，亟稟于王。即進寢室見之。海因問王疾何如？王曰：『足疾，已久沉痼，今又加之風眩。海探懷中，因出藥數丸（一作百粒），以奉王。謂俶曰：『此頗療目疾，願王即餌之』。時王方命茶，俶即盡餌之焉。諸子孫及左右，家人皆惶懼駭不測，計無所出。海既去，家人皆泣。蓋有所疑也。俶曰：『此但醉耳。又合疑哉（一作笑曰：主上待我甚厚，中貴必良藥也）』！後數（一作翼）日，上聞大驚！即遣中使撫慰。捕海繫獄。決杖，流海島（一作乃杖海脊二十。桎梏坐海，於王第門者三日。然後流海島）。王遣世子惟濬，陳謝。太宗撫問久之。又賜湯藥一金盒」。

許彥《周詩話》、《十國春秋》都有毒斃之說，然核對史實，卻有疑點，「然前人所疑，亦未必無言之鑿鑿。如《因樹屋書影》云：『南唐李後主以七月七日生，亦以七月七日死；吳越王俶以八月二十四日生，亦以八月二十四日死。兩王生死，相同如此。海鹽姚叔詳云：後主以故國不堪回首句，及徐鉉所探語，賜牽機藥死；忠懿荷禮最優，宜無他顧。兩王皆以生辰死者，蓋銜忌未消，陰斃之耳』！是說或出自《稗史彙編》，乃宋邵伯溫語。所不同者：『太宗於是日，遣中使，賜以器幣，與之宴飲。皆飲畢卒。蓋太宗殺之也』！孫應（金將）《吳越紀事詩》嘗有註，以記此事，且曰：『余按野史，李後主以七夕誕辰，命歌妓于賜第，作樂侑酒，聲聞於外。太宗聞之大怒。又傳其小詞，有小樓昨夜又東風，故國不堪回首夢魂中之句，由是怒不可解。是

李之禍，詞語促之也！因記錢鄧王，有句云：帝鄉煙雨鎖春愁，故國山川空淚眼。其感時傷事，不減於李。然其誕辰之禍，豈亦緣是耶』！今悉已不可考矣！事本離奇，所言不無道理，遂記於此。」[45]

　　毒斃之說事出有因，但證諸史實，李煜與錢俶之死是不盡相同的事，無論太祖與太宗都無殺錢俶的心意，《宋史》本傳記錢俶隨太宗攻伐北漢時，「會劉繼元降，上御連城臺誅先亡命太原者，顧謂俶曰：『卿能保全一方以歸我，不致血刃，深可嘉也。』俶頓首謝。」[46]太宗於太平興國八年時（九八三）曾公開表揚錢俶：「淮海國王錢俶方岳炳靈，風雲通感，奄有勾吳之地，不忘象魏之心，掃境來朝，舉宗宿衛，籍其土宇，入于朝廷，式昭職員，胙之淮海，居天子二老之任，啟真王萬戶之封，併加寵章，用答忠順」[47]錢俶是宋廷第一個活榜樣。錢俶的死，從《宋史》本傳看來，應與兩件事情有關，一是多病，「俶被病拜不能起」、「俶被病」、「又被病」、「俶久被病」；二是飲酒，「上手酌酒以賜俶，俶跪飲之」、「與使者宴飲至暮」都是多次記載。俶卒年已六十，在那個時代算是高壽，錢俶的父、兄壽都不永，毒斃之說應屬不實。

七、錢俶的子孫[48]

記錄中，錢俶有妻妾三位：

1. 孫妃（孫太真）
2. 俞妃（俞氏）
3. 黃妃（黃氏）：傳說雷峰塔為錢俶慶祝寵妃黃氏得子而建。

《宋史》本傳記其子有：

　1. 惟濬（安僖世子）

　2. 惟治（彭城郡王）

　3. 惟渲（濰州團練使）

　4. 惟演（英国文僖公，另有傳）

　5. 惟灝（昭州刺史）

　6. 惟滔（武衛將軍）

　7. 惟濟（平江宣惠節度使）

　8. 惟灌（本傳無，法明淨照）

女有

　1. 長女，夫河東裴祚

　2. 次女，夫錢塘元象宗

　3. 第三女，夫汝南慎從吉

　4. 第四女，夫富春孫浦

　5. 第五女，富春孫誘

　6. 第六女

　7. 第七女

　　這裏所要提的，有幾個人，第一是錢惟濬，他是錢俶嫡子，一直隨父出入，也領高官。但史載其「放蕩無檢」，淳化初，得疾暴卒，得年三十七。第二個是惟治，他本是廢王錢弘倧的長子，俶愛之，養為己子，幼好讀書。俶器重惟治，一再俾權國務。嘗一夕俶暴疾，孫妃悉斂符籥付惟治，後惟濬知之，甚恚恨。洎入朝，惟濬止奉朝請，而委惟治藩任焉。惟治善草隸，尤好二王書，嘗曰：「心能御手，手能御筆，則法在其中矣。」家藏書貼圖書慎眾，太宗知之，嘗謂近臣曰：「錢俶兒姪多工

草書。」因命翰林書學賀丕顯詣其第，徧取視之，曰：「諸錢皆效浙僧亞栖之迹，故筆力軟弱，獨惟治為工耳。」惟治嘗以鍾繇、王羲之、唐玄宗墨跡凡七軸為獻，優詔褒答。惟治好學，聚圖書萬餘卷，多異本，慕皮、陸為詩，有集幾十卷，書迹多為人藏祕，晚年雖病廢，猶或揮翰。真宗嘗語惟演曰：「朕知惟治工書，然以疾不欲遣使往取，卿為求數幅進來。」翌日，寫聖製詩數十章以獻，賜白金千兩。惟治是錢俶子姪中最有才者。第三個是錢惟演，錢俶歸朝時，「子惟演、惟濟皆童年」。作為錢家後人或有關係者，都不喜歡歐陽修的《新唐書》及《新五代史》這兩本書，因為這兩本書充滿了對吳越錢家批評，甚至於攻訐，是否歐陽修過當，論者有不同角度的看法及論述，但從錢氏角度，當然是完全否定歐陽修的，其恩怨都與錢惟演有關。錢濟鄂《吳越國武肅王紀事》記載：「有謂為仇家所誣，即奪愛之恨也。故有此一說也。據《丹鉛錄》云：『予按宋代別記，載歐陽永叔為推官時，昵一妓，為錢惟演所持。永叔恨之。後作五代史，乃誣其祖，以重斂民怨之事。若然，則挾私怨於襃貶之間。何異於魏收輩邪』，收仕北魏、北齊，為人輕薄，著有《魏書》。時有穢史之稱。」按此事，亦載於《野客叢談》、《錢氏私志》。題：〈臨江仙〉。小序：妓席。前一書，無梅聖諭，至微諷不恤，此一段文字；亦無在座相視之句；戒歐以下，一段文字，則刪去；餘文，大致相同。為錄《錢氏私志》云：「歐文忠任河南推官，親一妓。時先文僖罷政，為西京留守。梅聖諭、謝希深、尹師魯同在幕下。惜歐有才無行，共白于公。屢微諷，而不之恤。一日，宴於後園。客集，而歐與妓，俱不至。移時方來。在座相視以目。公責妓云：末至何也？妓云：中暑，往涼亭睡著，覺失金釵，猶未見。

公曰：若得歐推官一詞，當為償汝。歐即席云：柳外輕雷池上雨。云云。略。坐皆稱善。遂命妓滿酌，賞歐。而令公庫，償釵。戒歐當少戢。不為不恤，翻以為怨。後修五代史十國世家，痛毀吳越。又於《歸田錄》中，說文僖數事，皆非美談。根據上載，妓女之事，並沒有什麼大不了，但論者卻謂：「如歐之性好貪杯，狎妓弄甥，屢犯色慌，不勤政事。遂自號醉翁，以釋羞，則庶幾為何。就歐〈又乞外郡第一劄子〉云：『為臺官，誣臣以陰醜之事。臣文詩曰：中冓之言，不可道也！所可道也，言之醜也！君子之所深惡，猶不可自道於口，而況上達君父之聽，污黷朝廷，驚駭中外。事雖起於誣罔，然本因臣而發。此臣所以夙夜漸（見）懼，而無地自容也。』然論者卻引王安石評歐之言：『到一郡，則壞一郡；在朝廷，則壞朝廷。』

然亦有為歐論述者：「然按以時之歐，極力鋪陳，盡心歌頌，〈上隨州錢相公惟演啟〉。則此說，未必盡合也。文並見《文忠集》，歐陽修對錢惟演極盡歌頌之能。「每臨風而結想，徒零涕以懷恩。相公以彝鼎之勳，及公台之重。獨立不倚，群言互興……徒有戀軒之心，未知報恩之所」這些句子，那像仇家？按《歐陽修年譜》，歐於天聖九年（一○三一）三月，至洛陽，為錢惟演幕府，歐時年二十五歲，距惟演死，約三至四年，故不太可能為仇家也。[49]

錢惟演這一個人，在政治上是毀譽參半的，《宋史》本傳：「博學能文辭，召試學士院，以筍起草立就，真宗稱善。改太僕少卿，獻《咸平聖政錄》，命直祕閣，預修《冊府元龜》，詔與楊億分為之序。除尚書司封郎中、知制誥，再遷給是中、知審官院。……仁宗即位，進兵部。王曾為相，以惟演嘗位

曾上，因拜樞密使。故事，樞密使必加檢校官，惟演止以尚書
充使，有司之失也。初，惟演見丁謂權盛，附之，與為婚。謂
逐寇準，惟演與有力焉。及序樞密題名，獨刊去準，名曰『逆
準』，削而不書，謂禍既萌，惟演慮并得罪，遂擠謂以自解。
宰相馮拯惡其為人，因言：『惟演以妹妻劉美，乃太后姻家，
不可與機政，請出之。』……惟演雅意柄用，抑鬱不得志，及
帝耕籍田，求侍祠，因留為景靈宮使。太后崩，詔還河南。惟
演不自安，請以莊獻明肅太后、莊懿太后並配真宗廟室，以希
帝意。惟演既與劉美親，又為其子暖娶郭后妹，至是，又欲與
莊懿太后族為婚。御史中丞范諷劾惟演擅議宗廟，且與后家通
婚姻。落平章事，為崇信軍節度使，歸本鎮。未幾，卒，特贈
侍中。太常張瓌按，諡法敏而好學曰『文』，貪而敗官曰『墨』，
請諡文墨。其家訴於朝，詔章得象等覆議，以惟演無貪黷狀，
而晚節率職自新，有惶懼可憐之意，取諡法追悔前過曰『思』，
改諡曰思。慶曆間，二太后始升祔真宗廟室，子暖復訴前議，
乃改諡文僖。惟演出於勳貴，文辭清麗，名與楊億、劉筠相上
下，於書無所不讀，家儲文籍侔祕府。尤喜獎勵後進。」

綜上所言，我們很難說他是君子或小人，頂多是一個世故
與戒慎的人，人緣可能不太好，說他與歐陽修之間有仇恨是不
可能的。又一種推測或可以勉強說得過去：「或許是歐，自不量
力，欲求史名，或圖發洩褒夷之論，初不求問世也。或為宋仁
宗之授意，或君臣嘗有商略。故歐斃，立下聖旨，詔取刊印。
未必是不知史，晉迄五代，向由朝廷詔修，從無私人撰述之事。
[51] 歐陽修有他的新史觀，非僅著意於吳越，他對十國的態度是
一致的。「歐氏所謂中國，只指五代，而十國與五代間，雖有

朝貢、封爵等儀式，實乃處於不相統屬之獨立局面。因此，五代諸君對於只知保境安民，無心問鼎割據的吳越倍加榮寵，甚至尊稱尚父，其理在此！歐氏為宋臣，宋繼承五代，欲顯宋室『順天應人』，只能以五代承襲唐室為正統。為否定十國政權之合理性，只能從貶抑十國之政績著手。吳越為十國首善之治，『譽滿天下，謗亦隨之』，其理甚明。[52]

八、錢俶佛教之緣 [53]

錢俶喜佛法，年二十繼承王位，即位奉天台德韶大師為國師，并從道潛律師受菩薩戒，號慈化定慧禪師。後周顯德二年（九五五），以慕阿育王造塔一事，鑄八萬四千小寶宝塔，中納宝篋印心咒，廣行頒施，世稱錢弘俶塔，甚而遠傳至日本。宋建隆元年（九六〇），復興杭州靈隱寺，請智覺延壽大師為中興第一世。又迎請螺溪義寂大師講《法華經》，特賜"净光大師"號。復遣使赴日本、高麗求取天台論疏，致令天台教觀盛然而起！「因《天台智者教》五百餘卷，已殘闕。賈人言，日本有知。王致書日本國王，奉黃金五百兩，求寫原本。盡得之訖。」[54] 且于杭州建普門寺，于錢塘建兜率院等。

還有雷峰塔的故事，與詩情画意、美麗傳說無關，雷峰塔原本只是錢俶建造的佛塔。錢俶畢生崇信佛教，為吳越國王時，在境內廣種福田，建造佛塔無數，著名的六和塔、保俶塔皆為其例。雷峰塔同樣只是錢俶崇信佛教的体現。

在風雨飄搖的亂世中，錢俶仍在大興土木，是否也寄托了

對國泰民安的祈禱，想來也是一個有趣的話題。這一猜測無論真假，事實上雷峰塔落成僅一年左右，吳越即亡國。富麗的雷峰塔，沒能保佑虔誠的主人平安歸來。錢俶篤信佛教，也可看出其溫和的性格。

九、結言

《宋史》本傳論謂：「然甚儉素，自奉尤薄，常服大帛之衣，幃帳茵褥皆用紫絁，食不重味，頗知書，雅好吟詠。在吳越日，自編其詩數百首為《正本集》，因陶穀奉使至杭州，求為之序。性謙和，未嘗忤物。在藩日，每朝廷使至，接遇勤厚。所上乘輿、服物、器玩，製作精妙，每遣使修貢，必羅列於庭，焚香再拜，其恭謹如此。」[55]

《吳越書》亦載：「王、任太師，尚書令，國王，凡四十年；為元帥三十年。位極富貴，善始善終。福履之盛，近代無比。……為人寬洪大度，嘗大會賓客，食鱉。而得庖人濡血紙，於器中，王遽藏之。顧左右曰：『勿令掌膳者知』。初，廢王嘗于山亭，擊鼓聲聞於外，守衛者遽以聞王。王曰：『吾兄，以閒適為懷，非鼓樂不歡』乃命裝金魚水鼓四面，奉之。國人聞之，感王孝友。有涕出者。由是，廢王無憂廢之恨，終以疾卒。王為人，敦大博厚，重倫誼，以廢王子惟治，養為世子，付以國事。意在傳賢，尤人所難。……天禧四年（一○二○），惟演忝機衡之命，特詔：尊王，為尚父。王歸宋後，小心畏慎。故寵榮備至，賞賜珍寶，充牣府庫。……王立時，

民物阜康，一時稱盛，生性孝友，眷戀庭闈，親愛昆素，禮敬
臣民。為治仁惠，且存心忠順謙和，不戀勢位。境有災，即
卹。令墾荒田，不徵逋賦。邊民賣子，官為贖還。且屢蠲稅租，
永為定式。他如：沮進思使廢王遠禍，擒文徽遂國人聳觀。不
誅同氣意圖，不失同根舊志，攻武進禮遇萬誠，下金陵迫降李
煜。從車駕不避風雨，讓元帥豈貪兵權。皆大者也。雖窮極富
貴，珠寶充牣府庫，而自奉儉素，衣不過華，食不重味。不恃
己才，不彰人過。節用愛人，尤為難得。為遵祖訓，不忍斯民，
永罹兵革，常陷水火。遂傾國助趙宋，平蜀、南唐、北漢。一
統功成，挈數千里之國，獻土稱藩，不存一絲得失心，去國若
傳舍。民知易姓，不知國改，有堯、舜揖讓之德。俾民永安農
桑，免於兵燹干戈。其功德豈可量哉！豈偶然哉！不亦皇皇大
哉！」[56]

　　以上所述，除了說明錢俶的為人與人格之外，亦點出了他
的歷史地位，誠如王夫之所謂的「天命」，可解釋成「潮流」
與「形勢」，錢俶對於這一點是認識得非常清楚，錢俶確是能
審度時勢。

註釋

1. 《宋史》，卷四百八十，世家三，吳越錢氏。另參考 baidu.com。

2. 拙作〈吳越國的第三代——守成時期的兩位君主錢弘佐(928)、錢弘倧(928-971)兩兄弟〉。

3. 同註1，並見《吳越書》。(宏文藝苑編)

4. 見《吳越書》。

5. 弘億雖年輕，但有見識。初，對閩用兵，弘佐一度思鑄鐵錢，當時列國多鑄鐵錢，但鐵錢是劣幣：「弘佐議鑄鐵錢以益將士祿賜，王弟弘億諫曰：『鑄鐵錢有八害：新錢既行，舊錢皆流入鄰國，一也；可用於吾國而不可用於他國，則商賈不行，百貨不通，二也；銅禁至嚴，民猶盜鑄，況家有鐺釜，野有鏵犁，犯法必多，三也；閩人鑄鐵錢而亂亡，不足為法，四也；國用幸豐而自示空乏，五也；祿賜有常而無故益之，以啟無厭之心，六也；法變而弊不可遽復，七也；錢者國姓，易之不祥，八也。』弘佐乃止。」並見註2。

6. 同註1。

7. 錢元瓘兵敗福建之事，見拙作〈吳越國的第二代君主——錢傳瓘(887-941)〉。

8. 《十國春秋》，卷八五劉甫傳，頁一二四一。

9. 《吳越備史》，卷三，頁六至七。

10. 《吳越備史》，卷三，頁十一。

11. 李弘達之亂，見註2。

12. 徐曉望《閩國史》，頁一二七至一二八。

13. 《八閩通志》，卷三十秋官，頁六二二至六三九。

14. 《十國春秋》，卷八三錢弘僎傳，頁一二〇三至一二〇四。

15. 陸游《南唐書》，卷九陳誨傳，頁二。

16. 見《吳越書》，頁一二九至一三〇。

17. 見《吳越書》，頁一三〇。

18. 同註14。

19. 《十國春秋》，卷八八黃夷簡傳，頁一二四一。

20. 錢昱《忠毅王廟碑文》，其碑原存於福州「忠懿王祠」，今毀。《唐文補遺》第三三卷亦載此文。

21. 同註20。

22. 鄭文寶《江表志》卷二，頁一三七。《文淵閣四庫全書》四六六冊。

23. 釋文瑩《湘山野錄》，卷上，頁一一。

24. 《吳越備史》，卷四，頁四。

25. 《吳越備史》，卷四，頁四。

26. 徐曉望《閩國史》，頁一三〇至一三一。

27. 參考 五代吳越國的創建者——錢鏐一文。

28. 《宋史》，卷四百八十，世家三，吳越錢氏，頁一三八九八。

29. 見《吳越書》，頁一三四至一三五。

30. 同註28，一三八九八至一三八九九。

31. 同註28，一三八九九。

32. 同註28，一三八九九至一三九〇〇。

33. 同註28，頁一三九〇〇。

34. 同註28，頁一三九〇〇至一三九〇一。

35. 見《吳越書》，頁一五三至一五四。

36. 《續資治通鑑長編》，卷十六，頁三五〇。

37. 見《吳越書》，頁一四七。

38. 見歐陽修《新五代史》。

39. 錢濟鄂《吳越國武肅王紀事》，頁四〇三至四〇五。

40. 同註28，頁一三九〇二至一三九〇三。

41. 同註28，頁一三九〇三至一三九〇四。

42. 同註28，頁一三九〇六。

43. 錢濟鄂《吳越國武肅王紀事》，頁二一六至二一七。

44. 同註43，頁二一七至二一八。《宋史》本傳亦有相同記載，然比較簡略。

45. 同註43，頁二二三。

46. 同註28，頁一三九〇四。

47. 同註28，頁一三九〇五。

48. 見註1。

49. 錢濟鄂《吳越國武肅王紀事》，頁四〇三至四〇五。

50. 《宋史》，卷三百一十七，一〇三四一至一〇三四二。

51. 錢濟鄂《吳越國武肅王紀事》，頁四〇七。

52. 見《吳越書》，頁二五〇。梁天瑞〈吳越史實辨正〉。

53. 同註1。

54. 見《吳越書》，頁一六七。並見《皇朝類苑》。
55. 同註 28，頁一三九〇九。
56. 見《吳越書》，頁一六六至一六八。

中國五代吳越的研究

作　　　者：趙雅書

出　版　者：趙雅書

通訊地址：新北市新店區安德街 60 巷 1-2 號 2 樓

聯絡電話：0912-955-389

Ｅｍａｉｌ：chaoyashu2016@gmail.com

製版・印刷：中茂製版分色印刷事業股份有限公司

通訊地址：新北市中和區立德街 26 巷 17 弄 5 號 3 樓

聯絡電話：02-2225-2627

初版日期：2019 年 11 月

ＩＳＢＮ：978-957-43-6922-5

中國五代吳越的研究 / 趙雅書作
新北市：趙雅書 , 2019.08
面；公分
ISBN 978-957-43-6922-5（平裝）
1. 五代史

　　624.2　　108013737